SIEG
ÜBER
NARZISSMUS

NARZISSTISCHEN MISSBRAUCH
ERKENNEN - ÜBERWINDEN -
HEILEN

JH SIMON
MATTHIAS ARNOLDT

Dieses Buch ist kein Ersatz für rechtliche, medizinische oder psychologische Beratung. Ziel dieser Veröffentlichung ist eine allgemeine Einführung, Information und Beratung zum behan-delten Thema. Falls Sie professionelle Beratung oder die Unter-stützung von Spezialisten benötigen, sollten Sie entsprechende Experten aufsuchen und Hilfe in Anspruch nehmen.

Übersetzung des englischen Originaltitels „How To Kill A Nar-cissist"

Impressum

© 2019 JH Simon, jh_simon@icloud.com, Gubenerstr. 23, 10243, Berlin

Übersetzung und Lektorat: Matthias Arnoldt

ISBN: 978-0-6480128-4-9

Inhaltsverzeichnis

Der Groschen fällt

Der Mensch ist in dem Moment frei, in dem er sich dafür ent-
scheidet.

- Voltaire

Die Tatsache, dass Sie diese Zeilen lesen, bedeutet, dass Sie einer
Wahrheit auf die Spur gekommen sind. Vielleicht hat ein bestimmtes Ereignis Ihre Illusion zerplatzen lassen. Vielleicht hat
sich ein schmaler Spalt für Sie geöffnet. Ein Spalt wohin? Das
wissen Sie noch nicht genau. Doch in einer Sache sind Sie sich
sicher: Sie haben es gespürt. Vielleicht ist eine wichtige Bezugsperson in Ihrem Leben ein kleines Stück zu weit gegangen und
Sie haben endlich festgestellt: „Das hier ist *nicht* normal. Warum
tue ich mir den ganzen Mist eigentlich an?" Womöglich wussten
Sie in dem Moment noch nicht einmal, was „normal" eigentlich
bedeutet. Doch eine Sache wussten Sie ganz sicher: Die Bezie-

hung zwischen Ihnen und Ihrer Bezugsperson ist alles andere als normal.

Durch den benannten schmalen Spalt, der sich für einen Augenblick für Sie geöffnet hat, ist Ihnen möglicherweise bewusst geworden, dass einer oder mehrere der folgenden Aspekte auf Ihre Beziehung zutreffen:

- **Sie ist unausgeglichen:** So gut wie immer scheint der andere die Oberhand und das letzte Wort zu haben. Ständig müssen Sie sich abmühen, um so etwas wie Gleichgewicht und Augenhöhe herzustellen. Die Wünsche und Anliegen des anderen haben ständig Priorität vor Ihren eigenen. Sobald *Sie* einmal versuchen, sich bemerkbar zu machen und sich zu behaupten, findet Ihre Bezugsperson Mittel und Wege, um Ihren Vorstoß zu vereiteln und den Fokus wieder zurück auf sich zu richten.
- **Sie ist manipulativ:** Auf verblüffende Weise scheint es Ihrer Bezugsperson immer wieder zu gelingen, sich gegen Sie durchzusetzen und Sie zu bestimmten Handlungsweisen zu bewegen. Oft nehmen Sie sich fest vor, sich nicht mehr darauf einzulassen und beim nächsten Mal nicht mehr darauf hereinzufallen. Trotzdem passiert es immer wieder. Sobald Sie selbst einmal versuchen, Ihre Bezugsperson zu irgendetwas zu bewegen, was *Sie* wollen, stoßen Sie dabei auf derart viele Hürden und Hindernisse, dass Sie irgendwann entnervt aufgeben.
- **Sie lässt Ihnen keine Freiräume:** Ihre Bezugsperson nimmt ständig einen zentralen Platz in Ihren Gedanken ein. Manchmal fällt es Ihnen sogar schwer, psychologisch zu unterscheiden, wo Sie selbst enden und wo Ihre Bezugsperson beginnt. Der andere Mensch dringt mühelos in Ihren emotionalen Raum ein. Oft sehnen Sie sich nach Distanz und „Raum

zum Atmen", doch die Gedanken daran erwecken in Ihnen starke Schuldgefühle. Ein wirklich eigenständiges Individuum zu sein, das selbst über sein Schicksal bestimmt, scheint für Sie keine wirkliche Option zu sein, solange der andere Mensch Teil Ihres Lebens ist.

- **Sie ist starr und unbeweglich:** Die Beziehung ermöglicht Ihnen nur wenig persönliches Wachstum und scheint sich nicht zufriedenstellend in irgendeine Richtung zu entwickeln. Vieles an ihr fühlt sich an wie leere Rituale. Sie wünschen sich, da wäre mehr.

- **Sie ist kräftezehrend:** Ohne erkennbaren Grund behandeln Sie Ihre Bezugsperson wie ein rohes Ei. Schon in der Nähe des anderen Menschen zu sein sorgt bei Ihnen für ein Gefühl permanenter Anspannung, so als ob Sie ständig Erwartungen erfüllen oder sich beweisen müssten.

- **Sie ist erdrückend:** Ihrer Beziehung scheint das unausgesprochene Gesetz zugrunde zu liegen, dass Ihre Bezugsperson Ihnen überlegen ist. Zeit mit dem anderen Menschen zu verbringen hinterlässt bei Ihnen das Gefühl, hoffnungslos unterlegen zu sein.

- **Sie ist leer:** Die Beziehung fühlt sich schal und trist an und bietet Ihnen kaum emotionale „Nahrung".

- **Sie ist verwirrend:** Trotz all Ihrer Mühen scheint es Ihnen nie zu gelingen, festen Boden unter Ihre Füße zu bekommen. Ständig gibt es irgendein neues Drama oder Problem, um das Sie sich kümmern oder das Sie „reparieren" müssen, um die Bezugsperson „glücklich" zu machen. Sie sehnen sich nach Frieden und nach Sicherheit, doch irgendwie scheint Ihnen beides immer wieder zu entwischen.

- **Sie wickelt Sie immer wieder ein:** Eine Art unsichtbare Kraft scheint Sie an Ihre Bezugsperson zu binden und Sie immer wieder zurückzuziehen. Selbst wenn Sie es schaffen, sich einmal für eine kurze Zeit zu distanzieren, reicht eine einfache Frage aus, um Sie wieder zurückzuziehen. Es scheint eine emotionale Macht am Werk zu sein, die ein beunruhigendes Eigenleben führt und der Sie sich hilflos ausgeliefert fühlen.

Durch die kurze Öffnung Ihres persönlichen „Spaltes" erkennen Sie, dass einige oder sogar alle dieser Aspekte auf Ihre Beziehung zutreffen. Von dort aus führt plötzlich eins zum anderen. Sie geben „narzisstische Persönlichkeitsstörung" als Suchbegriff bei Google ein. Sie lesen einige Artikel. Sie wagen kaum zu glauben, was Sie vor sich sehen. Es dauert eine Weile, bis der erste Schrecken abgeklungen ist. Sie recherchieren weiter. Sie fangen an, die Web-Foren zu lesen. Nur langsam werden Sie sich bewusst, dass unzählige andere Ihre Erfahrung teilen. Sie lernen die Begriffe: Verwirrung (*Gaslighting*), Idealisierung (*Idealization*), Abwertung (*Devaluation*), Entsorgung (*Discarding*), Triangulierung (*Triangulation*), Aufsaugen (*Hoovering)* und Ködern (*Baiting*). Sie fangen an, das Puzzle zusammenzusetzen. Sie erkennen all die Muster und Methoden und realisieren, dass unzählige davon auch *Ihnen* gegenüber angewendet wurden. Beim Lesen fühlt es sich so an, als erzähle Ihnen jemand, den Sie noch nie getroffen haben, erstaunlich zutreffend Ihre eigene Lebensgeschichte. Sie fangen an sich zu fragen: Kann das alles wahr sein? Gibt es wirklich Menschen, die andere auf diese Art behandeln? Sie recherchieren weiter. Sie lesen die Geschichten all der anderen, die Ähnliches durchmachen wie Sie. Irgendwann trifft Sie die Erkenntnis mit voller Kraft. Sie begreifen, dass Sie nicht verrückt sind. Sie werden sich bewusst, dass das, was Sie die ganze Zeit über erlebt haben, wirklich geschehen ist und unzähligen anderen ebenfalls widerfährt. Die Menschen, von denen Sie gelesen haben, die solche Taktiken gegenüber anderen anwenden, existieren wirklich. Nicht nur irgendwo dort draußen; sie existieren in *Ihrer* Welt.

Sie wissen nicht ob Sie lachen oder weinen sollen. Sie verspüren Wut, Trauer, Hoffnungslosigkeit und einen Anflug von Erleichterung. Sie bewegen sich mit einem neuen Gefühl der Leichtigkeit, aber Sie fühlen sich auch irgendwie beschmutzt. Ihre gesamte Realität ist auf den Kopf gestellt. Sie fangen an, Ihre innersten Instinkte zu hinterfragen. Sie realisieren, dass die Beziehungsdynamiken, die Sie akzeptiert und als unumstößliche Wahrheiten hingenommen haben, in Wirklichkeit gesundheitsschädlich und dreist manipulativ sind. Sie beginnen, andere Menschen mit anderen Augen zu betrachten. Mit einem Mal achten Sie ganz bewusst auf das Verhalten anderer, sogar auf das von Menschen, die Sie schon seit vielen Jahren, vielleicht sogar Ihr ganzes Leben lang, kennen. Das Bild, das sich vor Ihnen formt, ist noch nicht völlig klar. Klar ist jedoch eines: Sie haben ein Problem. Ein Problem mit *Narzissten*. Und Sie haben gerade erst begonnen, die Oberfläche anzukratzen.

Die Spitze des Eisbergs

Was Sie zu Anfang vielleicht noch nicht erkennen können: Lediglich die Verhaltensweisen anderer genauer zu beobachten ist zwar sehr wichtig, aber an sich noch nicht genug. Wenn Sie sich damit zufriedengeben, an der Oberfläche des Problems zu verharren, werden Sie sich auch weiterhin in immer neue Dramen verwickeln lassen und sich dabei ständig fragen, welche Verhaltensweisen normal und welche narzisstisch sind. Entscheidend ist, dass Sie sich vergegenwärtigen, dass die von Ihnen aufgedeckten Taktiken lediglich die Spitze des Eisbergs darstellen. Das eigentliche Problem liegt sehr viel tiefer. Der

Kern eines Problems ist oft deutlich schwieriger zu erkennen als sein Äußeres.

Möglicherweise haben Sie bisher den Eindruck gewonnen, eine einfache Lösung für Ihr Problem läge darin, sich von den Narzissten in Ihrem Leben zu trennen. Ganz so einfach ist es leider nicht. Der Weg in die Freiheit ist nur selten mit einer gut geteerten Straße zu vergleichen, die in ein neues Leben voller Abenteuer führt. Vielleicht haben Sie dies auch schon geahnt. Mit hoher Wahrscheinlichkeit ist es kein Zufall, dass Sie in die Lage geraten sind, in der Sie sich befinden. Selbst wenn Sie es schaffen, eine bestimmte Situation räumlich oder zeitlich hinter sich zu lassen, tragen Sie noch immer all die Überzeugungen, Verhaltensweisen und Paradigmen in sich, die Sie ursprünglich hineingeführt haben. Sie können sich von einem Partner trennen, sich von einem Familienmitglied distanzieren, sich neue Freunde suchen oder Ihren Job kündigen und trotzdem nach einer Weile feststellen, dass Sie *schon wieder* einem Narzissten in die Arme gelaufen sind, vielleicht sogar dem gleichen, der den ganzen Prozess überhaupt erst angestoßen hatte. Um Ihre Freiheit zu erlangen, brauchen Sie mehr als nur eine Veränderung in Ihrer Umgebung. Um nachhaltige Veränderungen herbeizuführen, benötigen Sie eine *Strategie*.

Schärfen Sie Ihr Schwert

Wie schon der Titel verrät, dient dieses Buch dazu, Ihnen eine Anleitung für Ihren persönlichen Sieg über Narzissmus an die Hand zu geben. Selbstverständlich geht es dabei nicht darum, Narzissten in einem physischen Kampf zu Boden zu ringen. Es geht darum, den Kern des Problems zu verstehen und nicht nur die Symptome. Es geht darum, die Wurzel des Problems im

Narzissten zu sehen und die Wurzel des Problems *in Ihnen
selbst*. Entscheidend ist, dass Sie begreifen, auf welche Art und
Weise Sie sich unwillentlich zum Ziel von Narzissten machen.
Hierfür ist es erforderlich, dass Sie Ihre Paradigmen hinterfragen, also die Bezugs- und Wertesysteme, durch die Sie die Welt
betrachten und interpretieren. Nur so können Sie sich die not-
wendige Distanz verschaffen, um das Problem von außen zu
betrachten und zu analysieren. Es geht bei Ihrer Reise außerdem
darum, dass Sie sich neue innere Ressourcen erschließen, von
denen Narzissten nicht wollen, dass Sie sie je entwickeln, da Sie
sich hierdurch deutlich weniger empfänglich für äußere Manipulationen machen. Es geht darum, ein stabiles Grundgerüst aus
neuen Überzeugungen aufzubauen, Wissen zu erlangen und
Fähigkeiten zu entwickeln, die Sie stärken und ermutigen werden. Es geht darum, eine eigene, selbstbestimmte Identität zu
kultivieren, frei von Scham und ungesunden Schuldgefühlen;
eine Festung, die niemand ohne Ihre explizite Erlaubnis betreten
darf und auch dann nur, wenn er Ihnen den gebotenen Respekt
erweist. Mit der Zeit werden Ihnen diese neuen Ressourcen
erlauben, auf die sonnige, narzissmusfreie Straßenseite des
Lebens zu wechseln. Lassen Sie uns also gleich damit beginnen,
das Grundproblem des Narzissmus in Ihrem Leben zu bekämpfen und letztendlich zu besiegen. Wir tun dies, indem wir die
Narzissten in Ihrem Leben „aushungern", indem wir ihnen die
narzisstische Versorgung entziehen, die sie brauchen, um zu
überleben. Das alles fängt bei Ihnen an.

Das Wichtigste zuerst

Bezeichnungen wie „narzisstische Persönlichkeitsstörung (NPS)", „Soziopath", „Psychopath" und „Narcopath" sind nur einige der Begrifflichkeiten, die typischerweise mit Narzissmus in Verbindung gebracht werden. Im Umgang mit extremen Ausprägungen von Narzissmus kann es hilfreich sein, solche Bezeichnungen ins Feld zu führen. Insbesondere bezogen auf gewalttätige, destruktive und akut manipulative Menschen kann ein solches vereinfachendes „Schubladendenken" gerechtfertigt sein, um uns schnell und effektiv daran zu erinnern, dass nur physische Distanz uns vor ihnen schützen kann. Hierzu sei gleich an dieser Stelle angemerkt: Der Umgang mit offen gewalttätigen und sadistischen Narzissten liegt jenseits der Zielsetzung dieses Buches. Vorgänge wie ein vollständiger Kontaktabbruch, einstweilige Verfügungen, gerichtliche Kontaktverbote und Posttraumatische Belastungsstörungen (PTBS) sind auf keinen Fall leichtzunehmen. Auch Persönlichkeits- und Verhaltensstörungen sowie häusliche Gewalt liegen jenseits des Anwendungsbereiches dieser Veröffentlichung. Betroffenen wird angeraten, in jedem Fall professionelle Hilfe in Anspruch zu nehmen.

Die meisten Narzissten sind ohnehin eher im Mittelfeld, also noch im Bereich des gesellschaftlich akzeptierten Verhaltens, zu verorten und erscheinen auf den ersten Blick vergleichsweise harmlos. Der Schaden, den der durchschnittliche Narzisst anrichtet, entfaltet sich meist im Verborgenen. Seine Wirkung ist eher mit der eines langsam wirkenden Giftes zu vergleichen als mit explosiver Gewaltanwendung. Eine Beziehung mit einem Narzissten kann schwere Schäden anrichten, auch ohne dass er Sie um all Ihr Geld betrügt oder Ihnen gegenüber gewalttätig wird. Viele Narzissten setzten ihre Zielperson einem langsamen, siechenden „Tod durch Narzissmus" aus – ohne verbrecherische Absicht. Ein Großteil des von einem Narzissten angerichteten Schadens entsteht durch „unterschwellige" Verhaltensweisen: durch emotionale Ausnutzung, durch gezieltes Hervorrufen von Schamgefühlen und durch Manipulation mit dem Ziel, die Kontrolle über die Zielperson zu verstärken.

Der Fokus dieses Buches liegt auf dem *narzisstischen Archetyp*, also auf der Grundstruktur der Persönlichkeit und der Verhaltensweisen einer stark narzisstisch geprägten Person. Dieser Archetyp kann sich in vielen Erscheinungsformen manifestieren. Er kann die Form eines Vaters oder einer Mutter annehmen, die ihre Kinder instrumentalisieren, unterdrücken und in einem psychologischen „Käfig" gefangen halten, um ihre eigenen narzisstischen Bedürfnisse zu bedienen. Er kann der Freund sein, der sich bewusst mit „Schwächeren" umgibt, um sie niederzumachen, sich zwischen ihnen stark zu fühlen und sich bei ihnen zu „bedienen", um sich narzisstische Versorgung zu verschaffen. Der Archetyp kann auch als Liebhaber auftreten, der seinen Partner oder seine Partnerin als reines Instrument für seine eigene Lusterfüllung behandelt und sie bewusst in einem qualvollen „Sturm" aus Emotionen gefangen hält. Er kann die Form des Vorgesetzten annehmen, der seine Angestellten mal umgarnt und ihnen schmeichelt, um sie dann in anderen Situationen wieder rücksichtslos zu kontrollieren, zu bedrohen und wie Gegenstände zu behandeln, um seine eigene Machtposition am Arbeitsplatz zu stärken.

In diesem Buch wird Narzissmus nicht nur als Archetyp, sondern auch als *Regime* behandelt. Mit dem Begriff „Regime" ist eine Struktur mit festen Regeln gemeint ist, die ein Narzisst kreiert und aufrechterhält, um andere zu instrumentalisieren und sie sich gefügig zu machen, sodass er durch sie narzisstische Versorgung erhält. Im Grundsatz verfolgt das vorliegende Buch den Ansatz, einen Großteil der gängigen Bezeichnungen und Theorien zum Thema Narzissmus erst einmal beiseite zu lassen, um auf diese Weise einen Blick auf „Herz und Seele" des Narzissmus zu ermöglichen, ohne dass vorgeprägte Begriffe und Denkweisen die Sicht auf den eigentlichen Kern des Problems trüben.

Der Einfachheit halber wird in diesem Buch der Begriff *Narzisst* für eine Person verwendet, die andere bewusst aus egoistischen Gründen manipuliert. Das generische Maskulinum wird in diesem Rahmen lediglich aus Gründen der Lesbarkeit für alle Arten von Personen verwendet, die sich narzisstisch verhalten. Selbstverständlich ist Narzissmus keine Frage des Geschlechts. Der Begriff *narzisstisches Regime* wird für eine Struktur zwischen zwei oder mehr Personen verwendet, in der eine Person die anderen kontrolliert und sich hierdurch von ihnen narzisstische Versorgung verschafft. Die Struktur kann sich aus einem „natürlichen" Machtgefälle ergeben, wie etwa aus einem Verhältnis zwischen Elternteil und Kind oder zwischen Vorgesetztem und Angestelltem. Sie kann jedoch auch durch emotionale Manipulation in eine Beziehung ohne „natürlich" festgelegte Machtverhältnisse eingebracht werden. Oft entsteht ein narzisstisches Regime auch aus einer *Kombination* von beiden Faktoren, indem beispielsweise eine hierarchische Machtposition dem Narzissten eine Legitimation dafür verschafft, sein Ziel zu kontrollieren und er auf dieser Grundlage noch zusätzlich beschließt, emotionale Manipulation einzusetzen, um die Kontrolle, die er über seine Zielperson hat, auf einem persönlichen Level noch einmal zu verstärken.

Als *Zielperson* wird in diesem Buch ein Mensch bezeichnet, der regelmäßig den Verhaltensweisen eines Narzissten ausgesetzt ist. Auch wenn es sich aus Gründen der konzeptionellen Klarheit und Verständlichkeit nicht vermeiden lässt, eine Begrifflichkeit zu wählen, die sich aus dem Verhältnis der betroffenen Person zum Narzissten ergibt, wird an dieser Stelle explizit betont, dass der Schwerpunkt der Bezeichnung darauf liegt, dass es sich um eine Person, also um einen *Menschen* handelt. Jeder Mensch, der unter den Handlungsweisen von Narzissten leidet, sollte sich bewusst machen, dass das Verhältnis zum Narzissten nicht seine *Identität* bestimmt. Selbst wenn die Rolle als Zielperson auf Sie aktuell in einem bestimmten Verhältnis zutreffen sollte, geht es nicht darum, dass Sie sich mit dieser Rolle dauerhaft *identifizieren*. Im Gegenteil: Der gesamte Zweck dieses Buches liegt darin, Zielpersonen von Narzissmus dabei zu helfen, ihre Freiheit wiederzuerlangen. Es geht darum, Betroffene daran zu erinnern, dass ihre *wahre* Identität außerhalb des narzisstischen Regimes existiert, und sie darin zu bestärken, ihre eigene Identität und ihr eigenes Selbstwertgefühl zu bestimmen. Ebenfalls der Einfachheit halber wird der Begriff „Zielperson" in diesem Buch fallweise in Verbindung mit der Anrede „Sie" oder „wir" verwendet, um Sie als Leserin oder Leser als jemanden zu adressieren und miteinzubeziehen, der zu der beschriebenen Thematik in Beziehung tritt. Sämtliche Bezeichnungen sind unter dem Gesichtspunkt ausgewählt, allgemeinverständlich zu sein, ohne ein Unterdrückungsverhältnis oder eine von außen vorgegebene Rolle zu verfestigen.

Zu guter Letzt ist es entscheidend, zu erkennen, dass das *Phänomen* Narzissmus und nicht die *Person*, die narzisstische Verhaltensweisen ausübt, unser eigentlicher Feind ist. Wenn wir uns dazu hinreißen lassen, einen Narzissten zu hassen, bleiben wir dadurch weiterhin an ihn gebunden. Man könnte auch sagen: Wir geben freiwillig unsere Macht und Selbstkontrolle ab. Wir alle, auch Narzissten, sind unter der Oberfläche unserer Verhaltensweisen und Überzeugungen vor allem *Menschen*. Gerade in der Bewahrung dieser Menschlichkeit, auch und insbesondere gegenüber anderen, liegt unser Zugang zu einem Leben voller Kraft und Frieden, fernab von den Gefahren und Versuchungen des Narzissmus. Dazu kommt, dass die wenigsten Menschen sich bewusst und aus freien Stücken dazu entscheiden, Narzissten zu werden. Nicht selten wird Narzissmus von einer Generation an die nächste weitergegeben und dabei derart tief in der als „normal" angesehenen Familiendynamik verwurzelt, dass irgendwann niemand mehr bemerkt, dass er überhaupt stattfindet, inklusive des Narzissten. Manche Menschen haben narzisstische Ausnutzung bis hin zum Missbrauch durch Eltern oder Angehörige erlebt und die entsprechenden Verhaltensweisen dadurch verinnerlicht. Andere Theorien besagen, dass einige Menschen schlichtweg mit einem verminderten „Schamvermögen" geboren werden, sodass sich Narzissmus und manipulative Verhaltensmuster aus ihren biologischen und psychologischen Grundanlagen ergeben. Was immer auch die Hintergründe und

17

Motivationen jedes Einzelnen sein mögen: Letztendlich sollte nicht vergessen werden, dass wir alle zu narzisstischen Verhaltensweisen in der Lage sind, wenn wir zulassen, dass wir uns zu weit von unserer eigenen Menschlichkeit entfernen.

Keine der Erläuterungen soll dazu dienen, Narzissmus zu entschuldigen oder gar zu rechtfertigen. Es gibt nichts zu beschönigen: Narzissmus ist schrecklich und oft grausam. Diejenigen, die ihn ausüben, nehmen bewusst oder unbewusst in Kauf, andere zu schädigen. Die vorgenommenen Erklärungen sollen lediglich daran erinnern, dass wir unseren anklagenden Zeigefinger auf die *Krankheit* richten sollten und nicht auf den Erkrankten. Ja, Sie werden lernen, Ihr Verhalten effektiv anzupassen, sobald Sie bemerken, dass jemand narzisstische Verhaltensweisen gegen Sie verwendet. Doch wie dieses Buch erläutern wird, liegt der nächste Schritt, sobald wir narzisstische Tendenzen in einem anderen Menschen identifiziert haben, darin, den Fokus von der anderen Person abzuwenden und auf uns selbst zu richten; auf unser Inneres, wo sich *wirkliche* Veränderung vollziehen kann.

Die Langzeitwirkung eines Lebens unter einem narzisstischen Regime

Paul hat einen immer wiederkehrenden Albtraum. Er ist in einer unterirdischen Höhle gefangen, umgeben von heißen Flammen. Ein intensives Gefühl der Platzangst schnürt ihn ein und erschüttert ihn bis in sein Innerstes. Er erwacht nach Luft schnappend und in panischer Angst. Er realisiert, dass er eine Panikattacke erleidet. Eine unerträgliche, grenzenlose Furcht erfüllt ihn. Er versucht verzweifelt zu entkommen, doch er findet keinen Ausweg. Er schafft es irgendwie, das Licht einzuschalten, und beginnt, im Raum auf und ab zu gehen, in dem vergeblichen Versuch, das überwältigende Gefühl des Terrors abzuschütteln. Irgendwann hastet er die Treppe hinunter und tritt durch die Haustür in die kühle Morgenluft. Die Kälte hilft ein wenig. Trotzdem dauert es noch über eine Stunde, bis das Gefühl der Panik nachlässt. Er hat keine Ahnung, warum er immer wieder solche Träume hat.

Cindy ist ein intelligentes, umgängliches Mädchen. Eine leichte Gezwungenheit in ihrem Lächeln ist das einzige Anzeichen für die tiefe Traurigkeit, die sie in ihrem Inneren versteckt. Trotzdem ist sie stets höflich und freundlich, sodass die Leute sich aus ihren Angelegenheiten heraushalten. Meistens tut sie gehorsam das, was andere von ihr verlangen. Bereitwillig schließt sie sich den Meinungen und Plänen anderer an. Meistens ist sie einfach nur da. Andere haben gelernt, dass sie sich darauf verlassen können, dass Cindy sich ruhig verhält und nicht widerspricht.

Igor ist 34, aber die meisten denken, er sei erst 25. Er ist ein Träumer. Er träumt davon, in einer Band zu spielen oder einen Bestseller zu schreiben. Er ist nicht sicher, welchen dieser Träume er genau verfolgen soll. Im Grunde genommen hat er sich noch nie kompetent oder klug genug gefühlt, um nicht nur zu träumen, sondern auch zu handeln. Noch schlimmer wird die Sache dadurch, dass er sich in seinem Callcenter-Job gefangen fühlt. Auch mit seiner Freundin Anna ist er nun schon seit 4 Jahren mal zusammen, dann wieder auseinander. Jedes Mal, wenn sie sich streiten, droht er ihr, dieses Mal wirklich Schluss zu machen, doch Annas Tränen und ihre Androhungen von Selbstmord erwecken in ihm überwältigende Schuldgefühle, sodass er bleibt. Er sehnt sich danach, die Beziehung zu beenden, doch er findet einfach keinen Ausweg.

Nach einer intensiven Sommerromanze bat Noah Ariana, ihn zu heiraten. Sie sagte Ja. Noah war für sie wie die Erfüllung eines Traums. Er war aufmerksam und widmete ihr all seine Energie. Er teilte all ihre Pläne und Träume und war bereit, sich auf eine dauerhafte Beziehung mit ihr einzulassen. Die beiden heirateten in einer schlichten Zeremonie. Kurz nach der

Hochzeit begannen die Veränderungen. Noah wurde ihr gegenüber immer kritischer. Er reagierte mit Wutanfällen, wenn sie später als erwartet nach Hause kam. Ariana hatte erste Anzeichen dieser Wut schon vor der Hochzeit bemerkt, doch sie hatte sich nicht zu viele Gedanken darüber gemacht, da Noah sich immer schnell entschuldigte und dabei eine charmante, jungenhafte Verzweiflung an den Tag legte. Auch Noahs Hang zur Überheblichkeit trat nach der Hochzeit immer stärker in Erscheinung. Er trat immer großspuriger auf und machte keinen Hehl aus seiner Überzeugung, dass er allen anderen in sämtlichen Belangen bei Weitem überlegen war. Er liebte es, die Aufmerksamkeit auf sich zu lenken, und erzählte jedem, der sich finden ließ, endlose Geschichten über sich selbst, ohne jemals Interesse an den Erzählungen anderer zu zeigen. Er verfügte über einen gewissen Charme, sodass die meisten Menschen ihn tolerierten. Ariana aber war zutiefst unglücklich in ihrer Beziehung. Sie hatte die Nase voll von Noahs Wutausbrüchen, die immer wieder willkürlich und ohne erkennbaren Anlass auftraten. Nach vierzehn Jahren Ehe, drei Kindern und dem Verlust der meisten ihrer Freunde war sie jedoch zu eingeschüchtert von der Vorstellung, ihn zu verlassen und noch einmal von vorn zu beginnen.

Warum ich? Wie man zum Ziel von Narzissten wird

Hol sie dir, solange sie noch jung sind

Solange wir noch Kinder sind, sind wir neugierig, empfindsam, verletzlich und vor allen Dingen prägbar. Wir nehmen alles um uns herum wie Schwämme in uns auf. Dabei formt sich auch die grundsätzliche Art und Weise, in der wir später im Leben mit anderen in Beziehung treten. Als Kind ist es normal, dass wir diejenigen Menschen bewundern und verehren, die für uns verantwortlich sind. Unsere Hilflosigkeit lässt uns keine andere Wahl, als ihnen absolute Macht über unser Leben einzuräumen. Diese Macht können andere verwenden, um uns entweder zu einem selbstständigen Leben zu erziehen oder aber um uns zu instrumentalisieren, um damit ihr eigenes Geltungsbedürfnis zu bedienen. Narzissten entscheiden sich für letztere Option.

Eine natürliche Machtposition fällt in den meisten Fällen unseren Eltern zu, doch sie kann ebenso auch auf Onkel und Tanten, Freunde der Familie, Lehrer oder Vereinstrainer zutreffen. Ein Narzisst umgibt sich gern mit prägbaren jungen Menschen, die zu ihm aufschauen, um sein eigenes Machtempfinden zu stärken. Eine solche Position ermöglicht es ihm, auf schamlose Weise und auf Kosten des Kindes die Rolle eines „weisen Anführers" einzunehmen. Darüber hinaus glaubt der Narzisst, dass seine Machtposition ihm das Recht verschafft, über das Kind zu urteilen, es zu kontrollieren und es niederzumachen, wenn es seine Erwartungen nicht erfüllt. In der von Selbstüberschätzung geprägten Welt des Narzissten steht es ihm frei, die ihm übertragene Verantwortung dafür zu nutzen, sein eigenes Ego aufzubauen.

Das Gefährliche (und Traurige) ist, dass all dies zu einer Zeit passiert, in der sich das Kind in keiner Form bewusst sein kann, was eigentlich vor sich geht. Es weiß nicht, was mit ihm passiert und warum. Ein voll ausgeprägtes Bewusstsein entwickelt sich erst im Jugendlichen- und Erwachsenenalter. Solange es noch verletzlich und abhängig ist, kann ein Kind leicht dafür eingespannt und instrumentalisiert werden, einem anderen narzisstische Versorgung zu liefern, ohne wirklich zu bemerken, was mit ihm geschieht. Ist es einer solchen Instrumentalisierung erst einmal lange genug ausgesetzt, wird sie für das Kind irgendwann so selbstverständlich wie die Luft zum Atmen. Das Kind wird durch die Manipulation auf eine Lebensrolle vorbereitet, die darin besteht, andere unaufhörlich zu verehren und von ihnen abhängig zu sein.

Wirkliche Führungsverantwortung besteht darin, anderen den Weg zu zeigen und ihnen die Fähigkeiten zu vermitteln, die sie benötigen, um ihn zu beschreiten. Es geht darum, sie zu ermächtigen, irgendwann ihren *eigenen* Weg zu gehen. Ein Narzisst in einer Führungsrolle tut das Gegenteil. Ein solcher Mensch nutzt seine Macht, um seine Zielperson zurückzuhalten und zu verhindern, dass sie sich von dem Weg entfernen kann, den er ihr vorgibt. Er unterstützt ein Kind nur solange, wie es sich an die von ihm definierten Grenzen hält, und auch das nur, solange es die Rolle spielt, die er ihm vorschreibt und die es ihm erlaubt, das Kind für seine narzisstische Versorgung zu benutzen. Der Narzisst projiziert sein Ego auf das Kind. Anstatt seine eigenen Bedürfnisse zurückzustellen, um das Wachstum des Kindes zu fördern, erwartet er, dass das Kind sich *ihm* anpasst. In diesem Rollentausch liegt der Kern der Beziehung zwischen dem Narzissten und dem Kind. Die beschriebene Dynamik kann zu allerlei Entwicklungshemmungen auf der Seite des Kindes führen. Sie erzieht es dazu, empfänglich für narzisstische Beeinflussung zu sein. Das Kind wächst mit der Überzeugung auf, dass es in einer Beziehung darum geht, eine bestimmte *Rolle* zu spielen und sich den Wünschen und Bedürfnissen anderer Menschen anzupassen. Darin liegt eine der größten Lügen, die manchen Kindern eingeredet wird: dass immerwährende Abhängigkeit von anderen eine unumstößliche Tatsache des Lebens ist. In vielen Fällen zieht sich eine solche Lüge durch das ganze Leben, bis hinein ins Erwachsenenalter.

Die ideale Zielperson

Manche Menschen geraten unwissentlich in einem jungen Alter unter den Einfluss eines narzisstischen Regimes. Andere entwickeln sich dorthin, weil sie besonders empfindsam und sensibel veranlagt sind. Bei der letzten Gruppe handelt es sich um sogenannte *Empathen*. Diese weisen oft folgende Merkmale auf:

- Sie denken, fühlen und handeln intuitiv und verfügen über eine hohe emotionale Intelligenz.
- Sie erleben ihre eigenen Gefühle intensiver als andere; hierdurch fällt es ihnen manchmal schwer, rational und logisch zu agieren.
- Sie haben ein besonderes Gespür für die Gefühle anderer; gleichzeitig haben sie Schwierigkeiten, sich gegen die Gefühle anderer „abzuschirmen", und fangen im Gespräch oft an, diese *selbst* zu empfinden. Ein Empath muss daher besonders aufpassen, dass ihm der Umgang mit anderen, die starke Gefühle ausdrücken, nicht seine gesamte Energie entzieht.
- Sie sind gute Zuhörer und „opfern" ihre Zeit und Aufmerksamkeit dem Mitteilungsbedürfnis anderer auch über längere Zeiträume hinweg.
- Sie verspüren ein starkes Verlangen danach, mit anderen auf einer tief emotionalen Ebene eine Verbindung einzugehen. Dieses Verlangen prägt ihr Handeln oft stärker als praktische Vernunft oder gesunder Menschenverstand.
- Teilweise fällt es ihnen schwerer als anderen, mit den Herausforderungen des Alltags Schritt zu halten. Sie neigen daher eher dazu, sich nach jemandem mit „höherer Macht" zu richten, der ihnen Beistand und Richtung geben kann.
- Sie sind anfälliger als andere für Manipulation und Beeinflussung.

Der emotionale „Kosmos" eines Empathen ist äußerst reich und vielfältig. Empathen sind oft Künstler und Träumer. Sie inspirieren andere mit ihrer Energie und mit ihrer Begeisterung für das Leben. Sie können heilende und beruhigende Einflüsse auf ihre Umgebung ausüben und sind in vielen Fällen kreativ und spirituell veranlagt. Sie sind in der Lage, den Alltag anderer aufzuheitern, indem sie einfach nur sie selbst sind. Doch dieser Reichtum hat auch seine Schattenseiten:

- Empathen sehnen sich stärker nach Liebe und Verbindung als die meisten Menschen. Entsprechend leiden sie auch stärker, wenn sie sich ausgegrenzt und isoliert fühlen. Ihr tiefes Bedürfnis nach emotionaler Verbindung führt dazu, dass es ihnen schwerfällt, auf gesunde Weise Grenzen zu ziehen und durchzusetzen, dass andere diese nicht überschreiten.
- Empathen reagieren oft sensibler auf emotionale Reize und Einflüsse als Nicht-Empathen. Weil ihre emotionalen „Antennen" besonders empfindlich eingestellt sind, reichen oft schon kleine Angriffe von außen, um sie nachhaltig zu erschüttern. Wenn jemand anderes in ihrem Umfeld intensive Gefühle wie Wut, Trauer oder Empörung zum Ausdruck bringt, kann es sich für einen Empathen wie ein regelrechtes „Bombardement" anfühlen. Weitere Folgen solcher Angriffe sind ein geschwächtes Immunsystem und gesteigerte Angstgefühle.
- Oft kann schon der Umgang mit anderen Menschen in einem Empathen Gefühle der Erschöpfung und Ermüdung auslösen. Nicht selten werden Empathen schneller krank und sind öfter nervös und ängstlich. Der Grund dafür liegt nicht etwa in fehlender Kraft und Stärke, sondern darin, dass Gefühlsregungen wie Angst, Scham oder Sorgen einen Empathen leichter überwältigen können. Die Tatsache, dass sein Empfindungsapparat ständig durch äußere Einflüsse „betäubt" und „geblendet" wird, macht es dem Empathen schwer, die Welt um sich herum klar und ohne Einschränkungen wahrzunehmen.
- Viele Empathen benötigen zu jeder Zeit eine verlässliche Struktur. Sie brauchen eine Umgebung, die es ihnen erlaubt, sich zurückzuziehen, um von ihren Emotionen nicht überwältigt zu werden.

Sämtliche der aufgeführten Gründe tragen dazu bei, dass ein Empath eine nahezu perfekte Zielperson für einen Narzissten darstellt. Seine innere Schönheit, seine verminderte Fähigkeit zur Abgrenzung, seine leicht zu bedrohende Wahrnehmung der eigenen inneren Stärke und sein starkes Bedürfnis danach, Verbindungen mit anderen einzugehen, machen den Empathen zu einer regelrechten Goldgrube für narzisstische Versorgung. Ein Narzisst muss lediglich den Empfindungsapparat eines Empathen so lange „bombardieren", bis dieser keinen Widerstand mehr leisten kann und sich ihm fügt. Anschließend kann er damit beginnen, ihm seinen Willen aufzuzwingen.

Die Tatsache, dass Empathen in ihrem Umfeld oft nur wenig Verständnis und Unterstützung erfahren, trägt zusätzlich dazu bei, dass sie besonders anfällig für Manipulationen sind, sobald Narzissten in ihr Leben treten. Es erfordert einiges an Geschick und im besten Fall auch Unterstützung, um die nicht selten turbulente innere Welt eines Empathen in den Griff zu bekommen. In vielen Familien, besonders in konservativen, traditionellen und in solchen, in denen Missbrauch vorkommt, wird das Bedürfnis eines Empathen, verstanden und unterstützt zu werden, weitestgehend vernachlässigt. Besonders Männern wird oft eingeredet, sie müssten sich für ihre vermeintliche „Schwäche" schämen. Da auf diese Weise zentrale Bedürfnisse des Empathen oft ein Leben lang ungestillt bleiben und niemand ihm die Fähigkeit vermittelt, mit emotionalen „Stürmen" umzugehen, verfügen Empathen oft über ein vermindertes Selbstwertgefühl und empfinden ständig einen überwältigenden Hunger nach Liebe und Zuneigung, ohne wirklich zu verstehen, warum. Ein Narzisst „wittert" dieses Muster wie ein Hai, der im Meer die Spur von Blut aufnimmt, und schnappt zu. Der Narzisst weiß genau, wie er sich verhalten muss, um die Eigenschaften eines Empathen zu seinem Vorteil auszunutzen. Der Charme des Narzissten kann für einen Empathen berauschend und unwiderstehlich sein. Eine besondere Versuchung liegt darin, dass der Narzisst ihm eine *Struktur* anbietet, selbst wenn diese letztlich nur zu seiner Unterdrückung dient und überwiegend der Narzisst von ihr profitiert.

Sich als Empath und/oder als jemand zu identifizieren, der in ein narzisstisches Regime hineingeboren wurde, kann Ihnen dabei helfen, zu verstehen, wie Ihre Herkunft Ihr bisheriges Leben beeinflusst hat. Es kann Ihnen außerdem dabei helfen, zu realisieren, dass viele der Entwicklungen, die Sie durchgemacht haben, *nicht Ihre Schuld sind*. Dass Allerwichtigste aber ist: Der Schritt kann Ihnen dabei helfen, an genau dem Punkt in Ihrem Leben, an dem Sie sich jetzt gerade befinden, einen Schlussstrich zu ziehen und hier und heute die Entscheidung zu treffen, Ihre Zukunft selbst in die Hand zu nehmen. Welche Richtung Sie von hier aus einschlagen, liegt ganz allein an Ihnen.

Sterbliche Götter

Ruhm, errichtet auf selbstsüchtigen Prinzipien, ist Scham und Schuld.

- William Cowper

Das elterliche Gefühl

Die Menschheit wächst und entwickelt sich ständig weiter. Insbesondere unsere Fähigkeiten zur Innovation und zur Selbstreflexion haben exponentiell immer weiter zugenommen. Olympische Weltrekorde werden gebrochen und bald darauf schon wieder eingestellt. Der technische Fortschritt und das Gesundheitswesen haben unsere Lebensqualität in einer Weise verbessert, wie es für frühere Generationen unvorstellbar gewesen wäre. Musik und die Kunst entfalten ständig neue, faszinierende Blüten. Auch unser Verständnis für unseren eigenen Verstand und für unser Universum nimmt immer weiter zu. Ständig werden neue therapeutische Methoden entwickelt und verbessert.

In jedem von uns liegt eine Kraft, die sich ausbreiten und entwickeln möchte. Sie ermöglicht uns eine Vorstellung von einem größeren und besseren Selbst, das wir sein könnten, wenn es uns gelingt, über unseren aktuellen Zustand hinauszuwachsen. Diese Macht liegt nicht zufällig in uns. Das Leben selbst verfolgt damit einen Plan. Es will sich entwickeln und dafür will es, dass wir *uns* entwickeln. Wir alle tragen daher etwas in uns, das als *Grandeur* bezeichnet werden kann. Gemeint hiermit ist nicht nur Größe im Sinne eines von außen angelegten Maßstabs, sondern die Sehnsucht nach „Großartigkeit"; danach, das Gefühl zu spüren und uns selbst davon zu überzeugen, *besonders* und *herausragend* zu sein. Wir alle tragen einen Sinn dafür, etwas Besonderes zu sein, irgendwo in uns, egal, wie verschüttet oder eingeschränkt er auch durch Prägungen und Lebenserfahrungen sein mag. Es ist entscheidend, dass wir einen Zugang zu unserer angeborenen *Grandeur* finden, denn sie erlaubt es uns, unsere Kreativität auszuleben, über uns selbst hinauszuwachsen und eine bessere Version des Menschen zu werden, der wir sind. *Grandeur* ist zutiefst persönlich und spirituell. Sie lässt uns glauben, dass wir *alles* schaffen können. *Grandeur* ist eine aufwärts und auswärts gerichtete, schier grenzenlose Macht. Sie ist unsere angeborene Kreativität und Schaffenskraft. Wenn man so will, ist sie unsere Verbindung mit dem Reich des „Göttlichen", in dem es keine Grenzen für Ideen und für Möglichkeiten gibt.

Eng mit unserem Sinn für *Grandeur* verbunden ist das Gefühl von Grandiosität. Anders als *Grandeur*, die sich selbst genügt und aus einer inneren Veranlagung heraus wachsen will, ist Grandiosität vergleichend. Sie ist unsere subjektive Wahrnehmung unserer eigenen *Grandeur* im Vergleich mit der *Grandeur* eines anderen. Grandiosität basiert auf unserem Ego. Sie ist verbunden mit der Sehnsucht danach, größer und besser zu sein als die Menschen in unserer Umgebung. Im Gegensatz zur positiven Kraft der *Grandeur* führt uns unsere Grandiosität auf einen Konfrontationskurs mit anderen. Jeder, der schon einmal einen ersten Preis gewonnen hat oder etwas umsonst bekommen hat, für das alle anderen bezahlen mussten, weiß, wie befriedigend sich Grandiosität anfühlen kann. Sie vermittelt uns das Gefühl, aus der Masse hervorzustechen und den Maßstab des Gewöhnlichen hinter uns zu lassen. Hierin liegt der Kern von Grandiosität: Es ist die Sehnsucht danach, mehr zu *erreichen* und mehr zu *sein* als alle anderen.

Während *Grandeur* also als eine Kraft bezeichnet werden kann, die sowohl den einzelnen Menschen als auch die Menschheit als Ganzes voranbringt, ist Grandiosität eine potenzielle Quelle für Konflikte. Wir sind dazu bestimmt, zu koexistieren. In einer Welt mit beinahe 8 Milliarden Menschen bleibt uns keine andere Wahl. Hemmungslose Grandiosität kann sehr gefährlich werden. Wenn jeder von uns blind seinen grandiosen Instinkten folgt, werden wir uns unausweichlich bei unseren Versuchen, übereinander hinwegzuklettern und die Spitze zu erreichen, irgendwann selbst zerstören. Männer wie Hitler, Stalin oder Pablo Escobar sind extreme Beispiele für die Schäden, die ungehemmte Grandiosität anrichten kann. Das Streben nach Weltherrschaft, Macht oder unbegrenztem Reichtum führt dazu, dass andere Menschen als unbedeutende Randnotizen, als reine „Kollateralschäden" wahrgenommen werden. Das menschliche Zusammenleben gerät in Gefahr, wenn zu viele Personen derart eklatant gegen ihre eigene „Menschlichkeit" verstoßen. Koexistenz erfordert ein gewisses Gleichgewicht. Glücklicherweise hat das Leben in den meisten von uns eine Art Sicherungsmechanismus eingerichtet, der als Gegengewicht zu unserer Grandiosität fungiert. Die Rede ist von *Scham*.

Scham ist, wie jeder von uns weiß, kein angenehmes Gefühl. In ihrer abgeschwächten Form äußert sie sich vielleicht als ein leichter Brustschmerz, als ein kurzzeitiges Nachlassen unserer Energie und unserer Antriebskraft. In stärkeren Ausprägungen kann sie mental und sogar physisch verheerend wirken. Überwältigende Scham kann dafür sorgen, dass wir uns wie ein Ballon fühlen, aus dem man alle Luft herausgelassen hat. Unser Kopf sinkt zwischen unsere Schultern; die Schultern beugen sich nach vorn; unser gesamter Körper sinkt in sich zusammen. Die Erfahrung kann uns emotional betäuben. Gefühle werden nur noch stark gedämpft wahrgenommen. Das Gehirn fühlt sich umnebelt an und die Gedanken träge. Der Betroffene verliert den Mut. Er beginnt damit, sich selbst anzuzweifeln und seine Gedanken, Gefühle und Meinungen lieber für sich zu behalten. Seine mentale Leistungsfähigkeit ist nur noch sehr stark eingeschränkt abrufbar. Der Betroffene hat geistige Aussetzer, sodass ihm im wörtlichen Sinne „die Worte fehlen". Er schafft es nicht mehr, „geradeaus" zu denken, und hat Schwierigkeiten dabei, neue Ideen zu entwickeln. Das Erlebnis überwältigender Scham kann sich anfühlen wie eine vorübergehende Verbannung aus der Welt. Es kann den starken Drang hervorrufen, sich zurückzuziehen und sich vor anderen zu verstecken. Es kann sich anfühlen, als werde man in einem dunklen Raum in der eigenen Psyche eingesperrt, in dem nichts und niemand zu einem durchdringen kann. Der Betroffene ist wie in seiner abgeschotteten Kammer eingeschlossen und gezwungen, sich mit allen seinen

Fehlern und Schwächen aus nächster Nähe zu betrachten. Er wird sich schmerzlich all seiner eigenen Beschränkungen bewusst und unmittelbar mit der Tatsache konfrontiert, dass er keinesfalls so „allmächtig" ist, wie er sich manchmal gerne einbildet. In diesem Fall hat Scham keine zurechtweisende, sondern eine rein zerstörerische Wirkung. Scham in dieser Form ist wie das Elternteil, das ohne weitere Erklärung „Nein" zu uns sagt und anstelle einer Begründung oder Rechtfertigung: „Keine Widerrede. Geh auf dein Zimmer!"

Die normalisierende Kraft des Schamgefühls

Wie im vorhergehenden Abschnitt gezeigt wurde, kann Scham in überwältigenden Ausmaßen schädigende, paralysierende Auswirkungen haben. In ihrer „gesunden" Form kann sie uns jedoch eine Art psychologische Auszeit verschaffen. Man könnte sagen, dass die gesunde Form von Scham aus drei Gründen Teil der menschlichen Veranlagung ist:

- um uns daran zu erinnern, dass jeder von uns, obwohl wir alle eine Veranlagung zur Grandiosität besitzen, letztendlich ein menschliches Wesen mit einem menschlichen Körper ist, das in einer menschlichen Welt lebt. Dies bedeutet, dass unserer Kraft und unseren Einflussmöglichkeiten Grenzen gesetzt sind. Es bedeutet ebenfalls, dass wir nur bis zu einem bestimmten Punkt von unserer Umgebung erwarten können, dass *sie* sich *uns* anpasst, bevor wir dazu übergehen müssen, uns selbst und unsere Verhaltensweisen *ihr* anzupassen,
- um uns Zeit und Raum zur Selbstreflexion zu verschaffen, damit wir Veränderungen an uns vornehmen können, wo es erforderlich ist,

- um die soziale (Rang-)Ordnung wieder auszubalancieren. Den Effekt kann man sich in etwa folgendermaßen vorstellen: Wenn eine Person A in einer Gruppe ein höheres Maß an Macht und Grandiosität zur Schau stellt als die anderen, reagieren die anderen Mitglieder der Gruppe, indem sie Scham empfinden. Diese Scham verringert die subjektive Grandiosität der Betroffenen, was wiederum der Grandiosität von Person A erlaubt, sich auszubreiten, ohne das Gleichgewicht der Gruppe zu gefährden. Wenn, andersherum, Person A übermäßig viel Macht und Grandiosität zur Schau stellt und dafür von einem anderen Gruppenmitglied (oder mehreren) erfolgreich gemaßregelt und zurechtgewiesen wird, wird Person A Scham empfinden, die ihre Grandiosität reduziert, sodass auch hier für einen Ausgleich gesorgt wird. Dieser Balanceakt, angetrieben von den Schamgefühlen der einzelnen Mitglieder, sichert die Konformität und den Zusammenhalt der Gruppe und stellt sicher, dass niemand das Gleichgewicht der Gemeinschaft zu sehr gefährdet.

Schamgefühle wirken dabei auf zwei Ebenen:

- **persönlich:** Persönliche Schamgefühle entstehen, wenn wir zwar eine klare Vorstellung davon haben, wie wir eigentlich sein sollten, aber diesem Standard in unseren eigenen Augen nicht gerecht werden. Dies geschieht beispielsweise, wenn wir feststellen müssen, dass wir uns den herbeigesehnten Traumurlaub nicht leisten können, oder darauf gestoßen werden, dass wir gerne größer (oder kleiner) wären, als wir sind,
- **sozial:** Anders als individuelle Scham, die ihren Ursprung in unserem Inneren hat, basiert „umfeldbedingte" Scham auf den Reaktionen, Meinungen und Wertungen der Menschen in unserer Umgebung. Beispiele hierfür sind missbilligende

Blicke, die andere uns zuwerfen, wenn sie uns als laut und störend empfinden, oder auch die bloße Gegenwart von jemandem, der sehr viel reicher ist als wir.

In Kürze lässt sich über Schamgefühle also festhalten: *Persönliche* Schamgefühle treten auf, wenn wir Erwartungen, die wir an uns selbst stellen, nicht erfüllen. In gesunder Form können Schamgefühle uns daran erinnern, dass wir noch an uns arbeiten müssen. *Soziale* Schamgefühle entstehen, wenn unser Umfeld auf unsere Wünsche, Bedürfnisse und auf unseren Selbstausdruck mit Ablehnung reagiert. In diesem Fall ist Scham zur Stelle, um uns zu warnen, dass unser Verhalten von den Menschen in unserer Umgebung als Bedrohung empfunden wird. In diesem Fall kann uns der Gegendruck der Gruppe dazu verleiten, unser Handeln anzupassen.

Pass dich an, sei nett und freundlich

Wie an diesen Beispielen deutlich wird, entsteht Scham nicht lediglich dadurch, dass wir unsere selbst gesetzten Erwartungen nicht erfüllen. Oft ermahnt sie uns vielmehr dazu, die Erwartungen der Menschen in unserer Umgebung und die Erwartungen, die die Gesellschaft als Ganzes an uns richtet, zu erfüllen. Immer aber geht es um eine gefühlte Differenz zwischen *Erwartung* und *Wirklichkeit* und eine darauffolgende *Sanktion*. Persönliche und soziale Scham können auch zusammen auftreten, sich vermischen oder ineinander übergehen. Stellen Sie sich beispielsweise ein Kind vor, das mit seiner Familie zusammensitzt. Alle anderen essen Schokolade. Dem Kind aber wird erzählt, es sei noch nicht alt genug, um Schokolade essen zu dürfen. Alle anderen genießen vor den Augen dieses Kindes jeden Bissen ihrer Schokolade und unterhalten sich darüber, was sie an dem

Geschmack am meisten mögen. Stellen Sie sich vor, wie das Kind dabeisitzt und alles mitansehen muss. Wie es sich verzweifelt danach sehnt, teilnehmen zu dürfen, aber streng von Vater oder Mutter zurechtgewiesen wird und erklärt bekommt, dass es das nicht *darf*. Ein solches Kind wird sich nicht nur zurückgewiesen fühlen, sondern sich gegenüber allen anderen Anwesenden als *minderwertig* empfinden. Es wird erleben, wie es ist, von starken Schamgefühlen überwältigt zu werden. Es wird erfahren, wie es ist, etwas zu wollen, aber die Voraussetzungen und Qualifikationen dafür abgesprochen zu bekommen. Es wird die Qual erleben, hinter den Erwartungen derer zurückzubleiben, die ihm wichtig sind. Ohne jeden Zweifel handelt es sich um eine äußerst schmerzhafte, potenziell geradezu traumatische Erfahrung. Die nachfolgenden Darstellungen verdeutlichen bildhaft, was mit uns geschieht, wenn unsere eigene Grandeur mit der eines als mächtiger wahrgenommenen Menschen „zusammenstößt".

Ihre Scham angesichts der höheren *Grandeur* eines anderen

Ihre *Grandeur*   Die *Grandeur* eines anderen

Abbildung 1: *Scham tritt auf, wenn Sie Ihre Grandeur mit der eines anderen vergleichen und sich hierdurch begrenzt und eingeschränkt vorkommen.*

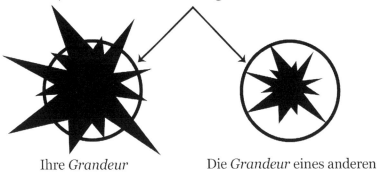

Die Art, in der ein anderer Schamgefühle in Ihnen hervorruft

Ihre *Grandeur*   Die *Grandeur* eines anderen

Abbildung 2: *Scham tritt auch dann auf, wenn eine andere Person sich von Ihrer Grandeur bedroht fühlt und daher versucht, Ihren Ausdruck von Grandeur einzuschränken.*

Wohl jeder von uns kann sich an Vorfälle erinnern, in denen andere besser behandelt wurden als wir selbst und wir uns dadurch minderwertig vorkamen. Ein Bewertungsmaßstab wurde angelegt, dem wir unbedingt gerecht werden wollten.

Nehmen wir folgendes Beispiel: Sie haben beschlossen, abzunehmen. Eines Tages erzählt ein Freund Ihnen freudestrahlend, dass er in nur einem Monat 6 Kilo abgenommen hat. Reflexartig beginnen Sie, sich mit seiner Leistung zu vergleichen. Sie fragen sich, wie weit *Sie* eigentlich schon mit Ihrem Abnehm-Programm vorangekommen sind. Ihre Wahrnehmung verengt sich auf die Frage, wie Sie mit ihm „gleichziehen" können. Möglicherweise entfährt Ihnen eine Bemerkung wie: „Ich bin auch gerade dabei, mich im Fitnessstudio anzumelden. 10 Kilo bis zum Jahresende! Das ist mein Ziel." Die Aussage kommt fast unbewusst über Ihre Lippen. Ihre Scham hat sich eingeschaltet und die Kontrolle übernommen.

Je eingehender man solche Dynamiken betrachtet, umso deutlicher wird, wie sehr Scham unsere Gesellschaft zusammenhält. Je nach Situation weist uns das Gefühl entweder in die Schranken oder treibt uns dazu an, uns zu verbessern und über uns hinauszuwachsen. Es sorgt dafür, dass niemand von uns sich permanent für den „Größten und Besten" halten kann, aber zugleich auch dafür, dass kein Mitglied der „Herde" zu weit hinter den anderen zurückbleibt. Scham stellt sicher, dass in der Gruppe Gleichgewicht und Harmonie erhalten bleiben. Sie will, dass alle Mitglieder sich an die Regeln halten und den Erwartungen der Gemeinschaft gerecht werden. Das Individuum soll der Gemeinschaft folgen; es soll so handeln, sich so fühlen und sich so benehmen, wie es Menschen nun einmal tun.

Scham kann auf viele verschiedene Arten ausgelöst werden. Beispiele hierfür sind:

Szenario	Schamreaktion
Ihre Kollegen unterhalten sich und haben Spaß, während Sie für sich alleine sitzen.	„Ich komme mir wie ein Außenseiter vor."
Sie lachen ausgelassen, bis Ihre Mutter oder Ihr Vater Ihnen einen strengen Blick zuwirft und Sie auffordert, still zu sein.	Ihre Freude und Aufregung schwinden. „Ich sollte mich anständig benehmen und respektieren, dass andere sich durch mein Verhalten angegriffen und gestört fühlen."

Die Gruppe am Nachbartisch unterhält sich laut und angeregt. Sie und Ihre Freunde sitzen schweigend zusammen.	„Die da drüben haben Spaß. Warum haben wir keinen?"
Sie sehen ein Plakat mit einem Supermodel und fangen an, sich mit ihr oder ihm zu vergleichen.	„Ich bin so *gewöhnlich*. Warum kann ich nicht so sein wie sie/er?"
Ein Freund erzählt Ihnen, dass er das ganze Wochenende lang gefeiert hat und dabei unzählige interessante Leute getroffen hat. Als er Sie fragt, wie *Ihr* Wochenende war, antworten Sie: „Na ja, ich war mit der Familie mittagessen und habe ferngesehen."	Sie fangen an, Ihr Sozialleben zu hinterfragen. „Alle anderen haben so viel Spaß. Mein Leben ist langweilig."
Voller Aufregung erzählen Sie Ihren Eltern von Ihrer Beförderung auf der Arbeit. Die Reaktion fällt alles andere als enthusiastisch aus.	Ihre eigene Aufregung und Begeisterung lassen spürbar nach. Sie beginnen, sich zu fragen, wie wichtig Ihre Beförderung *wirklich* ist.

Auch wenn sich die beschriebenen Schamreaktionen erst einmal unangenehm anfühlen können, ist zu beachten, dass wir in jedem Fall immer noch die Wahl haben, zu entscheiden, wie wir auf sie *reagieren*. Hierauf wird in späteren Abschnitten noch genauer eingegangen. Egal, ob sie aus „berechtigten" oder „unberechtigten" Anlässen auftritt: Scham will uns dazu bewegen, „zurück ins Glied" zu treten. Sie verschafft uns das Gefühl, einem Standard nicht gerecht zu werden und an uns arbeiten zu müssen, um „dazuzugehören". Sie teilt uns mit, dass wir zu weit gegangen sind und uns zurücknehmen oder „einen Gang zurück-schalten" sollten. Scham erinnert uns daran, dass in jeder Gruppe nur eine begrenzte Menge an Macht existiert, die zwischen den Mitgliedern aufgeteilt wird, und dass wir dieses Gleichgewicht gefährden, wenn wir es mit unserem eigenen Machtstreben übertreiben. Sie mahnt uns dazu, Platz für andere zu lassen. Sie bringt uns bei, dass wir keine „Götter" sind, sondern einer Gemeinschaft angehören. Auf diese Weise hält sie nicht nur unsere Grandiosität in Schach, sondern sie stärkt auch unseren Zusammenhalt. Wenn unsere Bedürfnisse, Wünsche und Verhaltensweisen die Gruppe bedrohen oder uns zu sehr von ihr entfremden, erinnert Scham uns daran, dass wir unseren Platz in der Gemeinschaft gefährden. Wir sind dazu programmiert, zu glauben, dass Harmonie nur möglich ist, wenn Scham in einer Weise verteilt ist, die für alle Mitglieder einer Gruppe akzeptabel ist. Im Folgenden soll genauer darauf eingegangen werden, wie Schamgefühle sowohl eine positive, regelnde Wirkung als auch eine schädliche und hemmende Wirkung haben können.

Das Scham/Grandiositäts-Kontinuum

Scham und Grandiosität haben eines gemeinsam: Beide erfordern jemanden oder etwas, an dem wir uns messen und mit dem wir uns vergleichen können. Allein zu sein wird für sich genommen höchstwahrscheinlich keine Schamgefühle hervorrufen. Diese treten erst auf, wenn wir beginnen, unser Alleinsein mit anderen zu vergleichen, beispielsweise mit einer Gruppe, die Gemeinschaft erlebt und zusammen Spaß hat. Auf einer Bühne zu stehen lässt uns wahrscheinlich kalt, solange es kein Publikum gibt, das uns bewundert und uns zujubelt. Dieser Zusammenhang von Scham und Grandiosität kann anhand eines Kontinuums verdeutlicht werden, das sich wie folgt gestaltet:

Das Scham/Grandiositäts-Kontinuum

Schamvoll

„Ich bin kein vollwertiger Mensch."

„Ich bin minderwertig und unfähig."

„Ich bin nichts Besonderes."

„Ich bin nur dazu da, anderen zu dienen."

Gesunde Scham

„Ich bin ein menschliches Wesen."

„Ich bin fähig und kann Einfluss nehmen, in gewissen Grenzen."

„Ich bin genauso viel wert wie mein Nachbar."

„Wir alle existieren, um einander zu unterstützen."

Grandios

„Ich bin ein Gott."

„Meine Machtfülle und meine Einflussmöglichkeiten sind grenzenlos."

„Ich bin besser als alle anderen."

„Andere existieren, um mir zu dienen."

Abbildung 3: *Das Scham/Grandiositäts-Kontinuum. Zu viel Scham (linke Seite) schränkt die „Lebensenergie" eines Menschen stark ein und sorgt dafür, dass er das Gefühl bekommt, kein vollwertiger Mensch zu sein. Zu viel Grandiosität (rechte Seite) sorgt hingegen dafür, dass er sich „übermenschlich" vorkommt, was die Lebensenergie der Menschen in seiner Umgebung stark einschränkt.*

Wenn in den Interaktionen innerhalb einer Gruppe Ausgleich und Balance herrschen, liegt die Selbstwahrnehmung der Mitglieder im Zentrum des Kontinuums. Jedes Individuum kann sich völlig „menschlich" fühlen, mit Fähigkeiten und Stärken, aber auch mit Einschränkungen. Wie in den vorhergehenden Abschnitten dargelegt, erfordert jede soziale Ordnung ein gewisses inneres Gleichgewicht. Dies bedeutet, dass in dem gleichen Maß, in dem ein einzelnes Gruppenmitglied ein Übermaß an Grandiosität zur Schau stellt, alle anderen Mitglieder Scham empfinden müssen, um das entstandene Ungleichgewicht zu kompensieren. Gerät dabei die Grandiosität eines Einzelnen zu sehr außer Kontrolle, drängt er damit alle anderen auf die extreme linke Seite des Kontinuums. Die Betroffenen verlassen dadurch den Bereich gesunder Scham und fühlen sich zunehmend unterlegen bis hin zu dem Gefühl, „unwürdig" zu sein. Auch die Person, deren Grandiosität die Gelegenheit bekommt, sich zu weit auszubreiten, verlässt das Zentrum des Kontinuums. Sie verliert den Bezug zu ihrer angeborenen Menschlichkeit und fängt an, sich ausschließlich auf ihr eigenes Wohlergehen zu konzentrieren, zum Schaden des Wohlergehens aller anderen. Ein Mensch sehr weit rechts im Kontinuum beginnt, sich „übermenschlich" vorzukommen. Ein stabiler Punkt des Ausgleichs und des Gleichgewichts liegt hingegen in der Mitte. Ein Mensch in dieser Position empfindet in gesundem Maße Scham *und* Grandeur und bleibt dabei in Kontakt mit seiner Menschlichkeit.

Das beschriebene Modell trifft nicht nur auf Gruppen, sondern auch auf Beziehungen zwischen zwei Menschen zu. Je weiter einer der Beteiligten im Kontinuum nach rechts „abdriftet", umso weiter wird der andere nach links gezwungen. Ein Mensch, der ständig versucht, den Eindruck zu vermitteln, er sei „mehr" als andere, zwingt damit die andere Person, Scham zu empfinden. Begegnen sich zwei Menschen hingegen auf Augenhöhe, sind sie in der Mitte des Kontinuums zu verorten. Schamgefühle werden dabei effektiv eliminiert.

Das Gesetz der Grandiosität

Grandeur ist eine wirkungsvolle, kreative Macht. Diese überwältigende, manchmal berauschende Antriebskraft in jedem von uns kann jedoch zu Problemen führen, wenn sie zu Grandiosität führt. Wie anhand des Scham/Grandiositäts-Kontinuums gezeigt wurde, kann jeder Maßstab, wie beispielsweise Attraktivität oder sozialer Status, von anderen verwendet werden, uns davon zu überzeugen, dass sie „über uns" stehen. Menschen, denen wir einen hohen Status beimessen, können solche Maßstäbe bewusst anwenden, um in uns eine Schamreaktion hervorzurufen. Lassen Sie uns dieses Phänomen als *Gesetz der Grandiosität* bezeichnen.

Das Gesetz der Grandiosität definiert die schambasierten Reaktionsmöglichkeiten eines Menschen, der einer anderen Person begegnet, deren Status er als höher einschätzt.

Das Gesetz besagt, dass wir, wenn wir unseren eigenen Status in einer Begegnung als niedriger einschätzen, auf fünf verschiedene Arten reagieren können:

- **unseren niedrigeren Status akzeptieren:** Wir beschließen, dass wir wohl mit unseren Schamgefühlen „fertigwerden" müssen, und machen uns klein, um das Gleichgewicht im Kontinuum wiederherzustellen. Wir unternehmen keine Versuche, etwas an den Zuständen zu ändern oder uns persönlich zu entwickeln, um nur ja niemanden zu „stören" oder zu provozieren.
- **versuchen, dem höheren Standard gerecht zu werden:** In einem solchen Fall fungiert die Scham in uns als Antrieb für Wachstum und Verbesserung. Man denke beispielsweise an all die Männer und Frauen, die Fitnessstudios besuchen oder zum Friseur gehen, um dem Maßstab eines perfekten Erscheinungsbildes gerecht zu werden, den die schamlose Schönheits- und Wellnessindustrie uns vorgibt.
- **Identifikation:** Manche Menschen sind regelrecht davon besessen, sich mit einem Prominenten oder Vorzeigesportler zu identifizieren. Indem sie jeden Schritt ihres Idols verfolgen und psychologisch mit ihm oder ihr „verschmelzen", fühlen sie sich, als *wären* sie die verehrte Person mit hohem Status. Dies

ermöglicht ihnen, Schamgefühlen über ihre eigene „Gewöhn-lichkeit" aus dem Weg zu gehen. In ihrem eigenen Kopf sind sie „dort oben" mit ihrem Idol. Sie wähnen sich „im gleichen Team" und können auf diese Art ihre Grandiosität ausleben, anstatt Scham ertragen zu müssen.

- **Dis-Identifikation:** Einen Maßstab schlichtweg als ungültig oder unzutreffend für die eigene Person zu erklären kann ebenfalls den Scham-Effekt kurzschließen. Viele Menschen verspüren keinerlei Neid auf Prominente und kanalisieren ihre *Grandeur* stattdessen auf andere Art. Dies kann beispielsweise durch harte Arbeit, das Ausüben bestimmter Hobbys oder das Schaffen von Kunst geschehen. Der Gewichtsverlust irgendei-nes anderen ist für uns irrelevant, wenn wir selbst überhaupt gar kein Interesse daran haben, Gewicht zu verlieren.

- **Angriff:** Scham in Wut zu verwandeln kann ein anderer Weg sein, sich seine Macht zurückzuholen. Man denke nur an all die abfälligen und herabwürdigenden Kommentare in den sozialen Medien, mit denen „gewöhnliche" Menschen, die sich von den Erfolgen anderer bedroht fühlen, versuchen, diese in den Dreck zu ziehen, um so ihren eigenen Schamgefühlen und Minderwertigkeitskomplexen entgegenzuwirken.

Scham ist auch der Grund dafür, dass unsere Gesellschaft derart stark von Prominenten und Persönlichkeiten des öffentlichen Lebens geprägt und beeinflusst wird. Die Abbilder dieser Men-schen „überragen" uns wortwörtlich auf Plakatwänden und Kinoleinwänden. Selbst Menschen, die sich wenig für solche Idole interessieren, kann es schwerfallen, sie zu ignorieren, da es in den Medien kaum ein Entrinnen vor ihnen gibt. All diese „Stars" werden bewusst als Vorbilder vermarktet; das ganze System beruht auf der Illusion, diese Menschen hätten mehr, wüssten mehr und *wären* mehr wert als wir. In unserer gesellschaftlichen Rangordnung soll es so aussehen, als ständen sie ganz oben an der Spitze.

Das Gesetz der Grandiosität und das Scham/Grandiositäts-Kontinuum beschränken sich jedoch nicht allein auf Prominente. Die beschriebenen Dynamiken können ebenso gut auf unsere Freunde, unsere Familie und auf alle anderen Menschen zutreffen, von denen wir den Eindruck gewinnen, sie seien reicher, fähiger, klüger oder stärker als wir. Ihre Wirkungsweisen treten in jeder Beziehung auf, sei sie nun romantischer oder irgendeiner anderen Natur. Ohne jeden Zweifel können sie auch das Verhältnis zwischen Kind und Eltern prägen.

Das missverstandene Gefühl

So schlimm sie sich manchmal auch anfühlen mag, existiert Scham in ihrer Grundform also nicht, um uns zu schaden. Sie dient uns vielmehr als eine Art Feedback-Schleife, die uns wissen lässt, wenn wir über die Stränge schlagen oder aber, wenn wir uns verbessern müssen, um unser Ziel zu erreichen. Insofern dient sie grundsätzlich einem guten Zweck. Indem sie uns auf unsere Grenzen hinweist, verschafft sie uns eine Struktur, innerhalb derer wir uns entwickeln und verbessern können. Wenn wir beispielsweise ein Instrument erlernen wollen, empfiehlt es sich, mit dem Studium von Akkorden und Theorie zu beginnen, gefolgt von vielen Hundert Stunden an Übung und Herumprobieren, was vermutlich auch gelegentliche Rückschläge und Enttäuschungen miteinschließt. Auf diese Weise stoßen wir zwar immer wieder an unsere Grenzen, jedoch werden wir auch darauf hingewiesen, was genau uns noch fehlt, um unser Ziel zu erreichen. Wenn wir dann jemand anderem begegnen, dessen Fähigkeiten unsere eigenen übertreffen, kann uns die empfundene Scham dazu anspornen, uns zu verbessern und ein ähnliches Niveau erreichen zu wollen. Sie kann uns davor bewahren, bequem und selbstzufrieden zu werden. In diesem Kontext stellt Scham also durchaus ein nützliches Werkzeug dar.

Die einzige Art, in der Scham für uns zu etwas Schädlichem werden kann, ist, wenn sie uns als hoffnungslos und *unaustilgbar* erscheint. Wie dargestellt wurde, kann es bekräftigend sein, einen Maßstab an sich selbst zu legen, dem man vielleicht noch nicht gerecht wird, aber den man mit Entschlossenheit und Arbeit irgendwann erfüllen *kann*. Ganz anders sieht es aus, wenn es sich so anfühlt, als könnten wir dem angesetzten Maßstab *nie* gerecht werden, egal, was wir auch tun. In einer endlosen Schleife gefangen zu sein, die uns immer wieder einredet, dass wir nicht gut genug sind *und es auch niemals sein werden*, ist niederschmetternd und erdrückend. Die Folgen einer solchen Geisteshaltung sind Hoffnungslosigkeit und Verzweiflung. Es ist der Glaube daran, vielleicht noch nicht heute, aber *irgendwann* den angesetzten Standard zu erfüllen, der uns antreibt und uns wachsen lässt. Dies ist die Dynamik, die eigentlich in uns wirken sollte. Wie beim Gedränge zwischen zwei Teams in einem Rugby-Spiel sollte unsere *Grandeur* unserer Scham einen konstanten Druck entgegensetzen und dabei Schritt um Schritt immer weiter Boden gutmachen, bis wir unser Ziel erreichen – oder aber, bis wir unsere Grenzen akzeptieren und unseren Frieden mit ihnen machen.

Neben diesem persönlichen Nutzen kann sich Scham auch in der Dynamik von Gruppen positiv auswirken. Es ist ein großartiges Gefühl, sich in seinem sozialen Umfeld gleichwertig und ebenbürtig zu fühlen. Man könnte sagen, dass in dieser gemeinschaftlichen Erfahrung die Essenz dessen liegt, was es bedeutet,

Mensch zu sein. Unsere Schamgefühle zu akzeptieren und mit ihnen zu arbeiten ermöglicht uns, gleichberechtigt und wirklich menschlich zusammenzuleben. Wir können psychologisch mit unseren „göttlichen" Qualitäten in Verbindung treten und zugleich unsere sterbliche Menschlichkeit nicht nur akzeptieren, sondern wertschätzen und begrüßen. Letztendlich sitzen wir alle zusammen im selben Boot. Unsere Scham ermöglicht uns, diesen Umstand klar zu sehen.

Wenn Scham toxisch wird

Scham besitzt eindeutig auch noch eine dunkle Seite. Sie regt sich nicht nur, wenn es gute Gründe dafür gibt. Scham kann Ihnen auch von anderen Menschen aufgezwungen werden. Oft handelt es sich dabei um Menschen, die selbst über keinen Sinn für Scham verfügen oder keine Schamgefühle in ihrem Inneren zulassen. Manche dieser Menschen versuchen bewusst, Schamgefühle in anderen hervorzurufen, um dadurch ihr eigenes Grandiositätsempfinden zu steigern. Dabei kommt, wie bereits erwähnt, oft eine Methodik zum Einsatz, bei der jemand versucht, Ihnen einzureden, dass Sie einen bestimmten Standard nicht erfüllen. Hierbei spielt es keine Rolle, *welche* Messlatte genau zum Einsatz kommt. Wichtig ist allein, dass Sie der Wertung desjenigen, der das Maß an Sie anlegt, Glauben schenken. Wann immer Sie dies tun, sind Sie beeinflussbar. Dieselbe Dynamik funktioniert auch umgekehrt. Wohl niemandem von uns ist der kurze Rausch der Grandiosität vollkommen unbekannt, der entsteht, wenn wir uns dazu hinreißen lassen, auf die „Schwäche" eines Freundes oder Bekannten aus einer gefühlten Position der Überlegenheit „herabzuschauen". Ein gesunder Mensch empfindet Scham, wenn er zu oft andere „kleinmacht" und auf sie herabschaut. Doch es gibt auch Menschen, die diese

Dynamik immer wieder einsetzen, und zwar mit verheerender Wirkung. Wenn jemand Sie bewusst und dauerhaft in einem künstlich geschaffenen Szenario gefangen hält, in dem Sie sich klein und unterlegen vorkommen und ständig starken Schamgefühlen ausgesetzt sind, sperrt er Sie damit aus psychologischer Sicht in einen dunklen, isolierten Raum, in dem Sie ständig glauben, sich kritisch hinterfragen und „verbessern" zu müssen. Durch die ständige externe Bestärkung Ihres „Nicht-genug-Seins" werden Sie anfangen, an Ihrem ureigensten Wert als Mensch zu zweifeln. Irgendwann entwickeln Sie die feste Überzeugung, kein vollwertiger Mensch zu sein. Sie werden glauben, dass andere Ihnen grundsätzlich überlegen sind. Wenn man Sie nur lange genug auf diese Art beschämt und Ihnen immer wieder den Eindruck vermittelt, nicht *genug* zu sein, besteht nach einer Weile die Gefahr, dass Sie dauerhaft in diesem Zustand verharren. Die Erfahrung wird zum Teil Ihrer Kernidentität. Das Resultat ist *toxische* Scham. In diesem Zustand macht sich der Betroffene ständig klein, um den Erwartungen anderer gerecht zu werden. Wenn andere ihn nicht niedermachen, fängt *er selbst* an, sich schlechtzumachen. Er senkt öfter den Blick zu Boden. Er spricht leiser als zuvor. Er verzichtet häufiger darauf, seine Meinung zu sagen, und zweifelt sehr viel öfter an sich selbst. Er versucht immer stärker, kooperativ und entgegenkommend zu sein. Irgendwann verfestigt sich seine Position am linken Ende des Kontinuums, genauso wie die seiner Bezugsperson am rechten Ende. Ein neues, von Grund her ungerechtes Kräftegleichgewicht ist etabliert.

Genau das ist das Ziel des Narzissten.

Der Kern des Narzissten

Uns auf die richtige Weise das Gefühl zu vermitteln, klein zu sein, ist eine Aufgabe der Kunst; Menschen können uns nur auf die falsche Weise das Gefühl vermitteln, klein zu sein.

- E. M. Forster

Die Mehrheit aller Menschen lässt sich bereitwillig von ihren Gefühlen steuern. Auf einige von uns trifft dies mehr zu als auf andere. Empathie beispielsweise ermöglicht uns, die Notlage eines anderen mitzuempfinden und den spontanen Impuls zu entwickeln, ihm zu helfen. Das Gefühl der Scham reguliert unsere Grandiosität und erinnert uns daran, dass wir keine Götter sind, vor denen andere sich verneigen müssen, sondern Menschen mit Fehlern und Schwächen, die miteinander auskommen und die sich ständig verbessern und anpassen müssen. Schuldgefühle zwingen uns dazu, über unsere falschen Handlungen nachzudenken und Wiedergutmachung zu suchen. Gefühle können schmerzhaft sein, aber auch sehr hilfreich. Sie helfen uns dabei, gesunde Beziehungen zu pflegen, mit anderen zu koexistieren und unseren Beitrag zu einer besseren Welt zu leisten.

Narzissten scheren sich einen Dreck um solche Dinge. Die Gefühle anderer könnten ihnen nicht egaler sein. In ihrer Welt existieren Gefühle nicht, um eine harmonische Gesellschaft zu schaffen oder um erfüllende Beziehungen zu kultivieren. Gefühle dienen Narzissten einzig und allein dazu, andere zu *kontrollieren*. Verwirrung (*Gaslighting*), Triangulierung (*Triangulation*) und Aufsaugen (*Hoovering*) sind nur einige der mehr oder weniger subtilen Techniken, die Narzissten einsetzen, um ihre Zielpersonen mithilfe von Gefühlen zu kontrollieren. Narzissten sind sich voll bewusst, dass es oft schon ausreicht, eine bestimmte Bemerkung in einem bestimmten Tonfall an jemanden zu richten, um in diesem einen emotionalen Impuls hervorzurufen und so die Zielperson zu einer Reaktion zu zwingen. Derartige Taktiken zu bemerken ist unabdingbar, um zu verstehen, wie Narzissten vorgehen. Zuerst aber müssen wir begreifen, was Narzissten *sind*.

Narzissten sind *schamlos*.

Hierin liegt ihre charakteristische Eigenschaft. Ein Narzisst steht in keinerlei Kontakt mit seiner Empathie und seiner Scham. Manche Theorien besagen, dass Narzissten überhaupt nicht in der Lage sind, Scham zu empfinden. Andere suchen die Wurzeln in der frühkindlichen Konditionierung. Narzissten haben demnach ihre Scham von einem frühen Alter an verdrängt und verleugnet und sie gegen ein „grandioses", falsches Selbst eingetauscht. Wo immer die Ursachen auch liegen mögen: Entscheidend ist, dass Narzissten *schamlos* sind. Da sie keine Scham empfinden, die ihnen Grenzen setzt, läuft ihre Grandiosität unkontrolliert Amok. Damit sie jedoch *permanent* Grandiosität empfinden können, brauchen Narzissten andere, bei denen sie sich für ihre narzisstische Versorgung bedienen können. Dies führt dazu, dass Narzissten ihre Grandiosität ausleben, indem sie sich andere „unterwerfen" und sie instrumentalisieren. Auf der Skala des Scham/Grandiositäts-Kontinuums versucht ein Narzisst, andere Menschen so weit wie möglich nach links zu drängen (wo sie sich schamvoll fühlen müssen) und selbst eine Position ganz am rechten Ende einzunehmen (wo er Grandiosität empfinden kann).

Schamlosigkeit ist der perfideste Wesenszug eines Narzissten und zugleich derjenige, der am schwersten zu erkennen ist. In ihr besteht der Kern der narzisstischen Persönlichkeit. Sie ist es, die den Narzissten so gefährlich macht. Da er keine Scham empfindet, braucht er sich auch nie selbst zu reflektieren. Er muss weder seine Grenzen und Beschränkungen anerkennen noch muss er sich seine angeborene „Menschlichkeit" mit ihren Schwächen eingestehen. Seine Schamlosigkeit wirkt wie ein undurchdringlicher Schutzschild. Der Narzisst muss sich nicht eingestehen, dass auch er manchmal Fehler macht; er muss nie zugeben, dass auch er manchmal „nicht gut genug" ist; er muss sich nie bei anderen entschuldigen; und ganz gewiss kommt er auch nie auf den Gedanken, anderen in irgendeiner Beziehung den Vortritt zu lassen.

Wenn wir uns in der Gesellschaft einer schamlosen Person aufhalten, wird alle in uns auftretende Scham automatisch auf uns zurückreflektiert. Normalerweise, wenn wir in der Gegenwart eines uns nahestehenden Menschen Scham ausdrücken, wird dieser versuchen, uns Akzeptanz entgegenzubringen. Dies hilft uns, uns verstanden zu fühlen und uns von unserer Scham zu lösen. Ein Narzisst hingegen wird unserem Ausdruck von Scham in keiner Weise „entgegenkommen", sondern sich vollkommen unempfänglich für unser Mitteilungsbedürfnis zeigen, sodass das Gefühl in voller Stärke zu uns zurückkehrt und in uns bleibt. Indem der Narzisst sich in eine Aura der Unberührbarkeit und „Göttlichkeit" hüllt, zwingt er andere in seiner Umgebung dazu, sich klein und unbedeutend vorzukommen. Die Gegenwart von jemandem mit gesunder Scham erzeugt in uns Gefühle von Wärme, Kameradschaft und gegenseitiger Anerkennung. Die Gesellschaft eines Narzissten sorgt hingegen in den meisten Fällen dafür, dass man sich, gelinde gesagt, durch und durch beschissen fühlt. Von einem Narzissten großgezogen zu werden oder mit einem Narzissten eine Beziehung zu führen ist ein wenig, wie den ganzen Tag der heißen Sonne ausgesetzt zu sein. Die Grandiosität des Narzissten strahlt unablässig ohne Schutz und Filter auf alle Menschen in seiner Umgebung herab. Diejenigen, die sich nicht dagegen wehren können, „verdorren" regelrecht.

Der beschriebene Effekt ist leicht zu übersehen, besonders, wenn man daran gewöhnt ist, viel Zeit in der Gegenwart von Narzissten zu verbringen. Der Narzisst muss nicht einmal offen missbräuchlich agieren, um seine Wirkung zu erzielen. Kaum weniger wichtig, als die spezifischen manipulativen Methoden eines Narzissten aufzudecken, ist es, sich bewusst zu werden, welche *Gefühlsreaktionen* narzisstische Handlungen in uns auslösen. Die genaue Wirkung ist oft schwierig zu beschreiben. Die Verhaltensweisen des Narzissten haben etwas an sich, das oft als unterschwellig verstörend wahrgenommen wird. Ein Großteil ihrer Wirkung vollzieht sich unterhalb unserer bewussten Wahrnehmung und damit „unter dem Radar". Das Ganze versetzt uns in einen Zustand ständiger Unruhe und Beklemmung. Man wird in einem Zustand festgehalten, in dem man die ganze Zeit vergeblich darauf wartet, vom Narzissten in seine abgeschottete Gefühlswelt eingelassen zu werden, um endlich eine erfüllende, wirklich menschliche Beziehung erfahren zu dürfen. Der Narzisst aber hat keinerlei Interesse daran, seine Zielperson aus ihrem unbefriedigenden Schwebezustand zu entlassen. Er zielt bewusst darauf ab, andere stets „auf Armeslänge" von sich fernzuhalten, um das Machtgefüge aufrechtzuerhalten. Hierin liegt der Kern einer Beziehung mit einem Narzissten. Alles beginnt damit, die Bezugsperson in einen Zustand ständiger Unsicherheit zu versetzen und sie dort festzuhalten. Es ist, als würde man versuchen, einen glitschigen Fisch zu ergreifen. Nichts bleibt an ihm haften. Alle Fehler und Schwächen, alles „Menschliche" gleitet immer wieder an ihm ab und wird somit auf einen selbst zurückreflektiert. Immer ist man selbst derjenige, der sich verletzlich und verwundbar macht. Indem er vollkommen schamlos handelt, zwingt der Narzisst seine Bezugsperson dazu, alle Scham in der Beziehung *allein* zu tragen und sich die ganze Zeit unterlegen zu fühlen. Wie zuvor bereits erwähnt, liegt die größte Gefahr darin, dass eine Zielperson, die kontinuierlich in eine solche Position gezwungen wird, die vom Narzissten vorgegebene Rollenverteilung irgendwann internalisiert. In einem solchen Fall kann sich das narzisstische Beziehungsgefüge derartig eng mit der ureigensten Persönlichkeit der Zielperson verflechten, dass sie wie ein ständiger Schatten über dem gesamten Leben des betroffenen Menschen liegt. Ein Mensch, der ständig Wut empfindet, wird irgendwann zu einem wütenden Menschen. Ständige Depressionen lassen den Betroffenen zu einem depressiven Menschen werden. In der gleichen Weise wird ein Mensch, der ständig und über lange Zeiträume gezwungen ist, Scham zu empfinden, irgendwann anfangen, sich im innersten Kern seiner Existenz für unfähig und minderwertig zu halten. Das Entstehen dieser paralysierenden, „toxischen" Scham macht die Beziehung mit jemandem, der durchgehend schamlos handelt, so gefährlich, selbst dann, wenn der Narzisst nicht offen ausfällig und missbräuchlich agiert.

Die Art und Weise, in der die Schamlosigkeit eines Narzissten andere in seinem Umfeld dazu zwingt, Scham zu empfinden, kann sich auf verschiedene Weise äußern.

Dazu gehören beispielsweise:

- **obsessives Streben danach, in jeder Situation die Kontrolle auszuüben:** Dies kann sich in scheinbar banalen Verhaltensweisen niederschlagen. Sie fegen beispielsweise gerade den Boden in Ihrer gemeinsamen Wohnung. Mit einem Mal nimmt Ihnen der Narzisst ungeduldig den Besen aus der Hand und fängt an, die Arbeit selbst zu machen. In Ihnen verstärkt sich dadurch das Gefühl, die Arbeit aus eigener Kraft nicht gut genug „hinbekommen" zu haben. Außerdem verwehrt Ihnen der Narzisst die Möglichkeit, sich selbstständig zu verbessern und dazuzulernen.
- **herablassende Blicke/Augenrollen:** Ein herablassender Blick kann ausreichen, um Ihnen die Botschaft zu vermitteln: „Du kannst schon froh sein, dass ich dich überhaupt in meiner Umgebung toleriere."
- **Gekicher oder offene Belustigung, wenn Sie Fehler machen oder Schwäche zeigen:** Gönnerhaftes, besserwisserisches Lachen, sobald Sie auch nur den kleinsten Fehler machen, dient dazu, Sie immer wieder daran zu erinnern, wie drollig und amüsant Sie im Vergleich mit einem kompetenten,

„vollwertigen" Menschen sind, der niemals einen solchen Fehler machen würde. Der vermeintliche Fehler muss dabei noch nicht einmal wirklich ein *Fehler* sein. Es reicht schon aus, dass Sie irgendeine Sache anders machen, als der Narzisst sie tun würde. Manchmal lacht der Narzisst sogar, wenn Sie unter sämtlichen objektiven Gesichtspunkten alles richtig machen, nur, damit Sie anfangen selbst zu hinterfragen und das Gefühl entwickeln, der Narzisst wüsste etwas, das Ihnen entgangen ist.

- **Reden über Sie in der dritten Person, obwohl Sie anwesend sind:** Wenn jemand in Ihrer Gegenwart vor anderen über Sie redet, insbesondere dann, wenn er Sie dabei in ein wenig vorteilhaftes Licht stellt, kann dies starke Gefühle von Scham und Machtlosigkeit auslösen. Hierzu gehören Sätze wie: „Lisa hat sich um unseren Haushalt in letzter Zeit nicht besonders gut gekümmert. Sie schaut lieber den ganzen Tag lang Netflix." Aussagen dieser Art stellen Sie in den Mittelpunkt und zerren Sie ins „Scheinwerferlicht", ohne Sie wirklich in die Unterhaltung mit einzubeziehen. Der Narzisst kreiert damit die Illusion, zwei Personen „höheren Wissens" unterhielten sich über Sie, den „Gegenstand der Besorgnis". Der gewählte Vorwurf kann dabei rein subjektiv und komplett ungerechtfertigt sein. Möglicherweise hat sich Lisa kränklich und erschöpft gefühlt und daher einige Stunden vor dem Fernseher verbracht, um sich zu erholen. Wichtig ist allein, dass die Aussage ihren Zweck erfüllt, nämlich Sie entweder zu einer Verteidigung zu zwingen oder dazu, das Ganze schweigend hinzunehmen und Scham zu empfinden.

- **Wichtigtuerei durch das Erzählen von „Heldengeschichten":** Indem der Narzisst Geschichten erzählt, die ihn stark und heldenhaft erscheinen lassen, zwingt er andere dazu, sich im Vergleich zu ihm klein und unterlegen vorzukommen. Viele

Narzissten sind großartige Geschichtenerzähler. Fast immer geht es in den Erzählungen um ihre eigene Macht und Überlegenheit. Eine andere Weise, in der der Narzisst Geschichten nutzt, um sich selbst besonders gut dastehen zu lassen, besteht darin, alle anderen in seiner Erzählung in ein möglichst schlechtes Licht zu rücken.

- **Überhöhung der eigenen Person durch aggressive Selbstbehauptung und Ablenkung:** Ein Narzisst vermeidet es vehement, eigene Schwächen einzugestehen oder zuzugeben, dass auch seine Macht und seine Fähigkeiten Grenzen haben. Oft beginnt er seine Sätze mit Pauschalaussagen wie *„Mir* ist ja noch *nie* passiert, dass ..." oder „*Ich* schaffe es ja *immer*, dass ..." Beispiele hierfür sind Behauptungen wie: „Mit mir macht nie jemand Schluss. *Ich* bin immer derjenige, der mit anderen Schluss macht" oder „*Ich* schaffe es ja immer in zehn Minuten durch die Warteschlange." Der letzte Kommentar kommt besonders gern als Reaktion darauf, dass Sie gerade erzählt haben, wie Sie eine ganze Stunde lang anstehen mussten. Mit der Bemerkung grenzt sich der Narzisst von Ihnen, dem „unglücklichen Tölpel", ab und hebt seine „Größe" und Kompetenz besonders hervor.

- **Stellen von kritischen, rhetorischen Fragen:** Beispiele hierfür sind „Warum hast du die Teller denn *so* in den Schrank eingeräumt?" oder „Willst du wirklich *diese* Hose anziehen?" Auf Fragen dieser Art gibt es keine richtige Antwort. Ihr Zweck besteht allein darin, Ihre angebliche Inkompetenz hervorzuheben.

- **Verweigerung von Empathie und Unterstützung:** Falls Sie einmal ein Thema anschneiden, das Ihnen besonders am Herzen liegt, wird der Narzisst entweder versuchen, die Angelegenheit so schnell wie möglich abzuschließen, oder sie ganz einfach ignorieren. Seine Reaktion kann ein einfaches Nicken sein, gefolgt von einem radikalen Themenwechsel, oder aber eine rein logische Analyse Ihres „Problems", die das Thema effektiv beendet. Auf diese Weise verhindert der Narzisst, dass Sie auf die Ebene seiner Gefühle vordringen können. In Ihnen selbst wird die Zurückweisung vermutlich starke Schamgefühle hervorrufen, begleitet von dem Gefühl, nicht anerkannt und nicht geliebt zu werden. Die ablehnende Handlung des Narzissten erfolgt oft nicht einmal offen und direkt. Trotzdem fühlt es sich verstörend an, wenn man realisiert, dass die Person, der man sich eigentlich öffnen wollte, sich nicht genügend für einen interessiert, um Empathie zu zeigen.

- **Verweigerung gesunder Grenzen:** Ein Narzisst nimmt häufig an, dass er am besten weiß, was gut für seine Zielperson ist – auch ohne diese überhaupt zu fragen. Er bestellt beispielsweise ein Getränk für Sie, ohne vorher zu fragen, was Sie eigentlich trinken möchten. Er trifft eigenmächtig Entscheidungen, die Sie betreffen, öffnet Ihre Post, ohne zu fragen, oder überschreitet auf andere Weise die Grenzen einer respektvollen Beziehung. Hierdurch reduziert er Sie auf die Rolle eines passiven Objekts und vermittelt Ihnen das Gefühl, er, und *nur* er, wisse, was wirklich gut für Sie ist.

- **Weigerung, *Sie* manchmal gemeinsame Aktivitäten planen oder Pläne signifikant beeinflussen zu lassen:** Die Beziehung mit einem Narzissten ist einseitig. *Er* hat das Sagen. *Er* entscheidet, wohin Sie gehen, was Sie tun und wie lange Sie es tun. Wenn *Sie* einmal versuchen, etwas vorzuschlagen oder einen seiner Vorschläge auch nur geringfügig zu verändern, reagiert er mit Kritik und Widerstand. Er verlässt sich dabei auf das geringe Selbstwertgefühl seiner Zielperson, um seinen Willen durchzusetzen. Darüber hinaus dient die Nicht-Anerkennung Ihrer Meinungen und Präferenzen dazu, Ihr Selbstwertgefühl weiter zu verringern.

- **Unerbetene, scheinbar „neutrale" Kommentare:** „Wusstest du eigentlich schon, dass kleine Haare auf deinen Ohren wachsen?"; „Ist dir schon mal aufgefallen, dass dein Teller immer als erster leer ist?"; „Du müsstest dir wirklich mal neue Schuhe kaufen." Kommentare wie diese sorgen dafür, dass Sie sich regelmäßig unsicher und verlegen fühlen. Zugleich vermeidet der Narzisst durch die scheinbar „neutrale" Natur der Bemerkungen den Vorwurf, er würde Sie offen angreifen.

- **vorgetäuschtes oder übertriebenes „Kümmern":** Indem der Narzisst sich Ihnen gegenüber übertrieben besorgt gibt, vermittelt er Ihnen das Gefühl, ständig und bei allem Hilfe zu benötigen, auch wenn Sie eigentlich den Eindruck haben, gut allein zurechtzukommen. Selbstverständlich gibt es in unserem Leben gelegentlich Situationen, in denen wir Schwierigkeiten haben und Hilfe brauchen. Ständiges und übertriebenes Kümmern durch andere kann in uns jedoch den Eindruck verstärken, ein „hoffnungsloser Fall" zu sein, also jemand, der allein im Leben nicht zurechtkommt. Solche Äußerungen aufgesetzter oder übertriebener Fürsorge gehen oft mit übertrieben besorgten Blicken einher.

- **Vergleiche zwischen Ihnen und anderen:** Indem der Narzisst scheinbar zufällig von anderen erzählt, die gewisse Dinge können oder erreicht haben, mit denen Sie nicht „mithalten" können, zwingt er Sie dazu, sich auf einer von ihm vorgegebenen Werteskala zu betrachten. Unabhängig davon, ob der Vergleich überhaupt gerechtfertigt ist, ist er für die Zielperson nur schwer zu ignorieren. Nehmen wir zum Beispiel an, Sie sind ein Mann, der vor Kurzem angefangen hat, ins Fitnessstudio zu gehen, um Muskelmasse aufzubauen. Ihre Freundin macht Ihnen gegenüber die Bemerkung, dass ihr Ex-Freund deutlich durchtrainierter war als Sie. Oder nehmen wir an, Sie sind eine junge Frau, die sich von ihren Eltern immer wieder anhören muss, dass alle Töchter ihrer Freunde und Bekannten inzwischen glücklich verheiratet sind und Kinder haben. Subtile Vergleiche dieser Art untergraben Ihr Selbstwertgefühl und rufen Scham hervor.

Alle der beschriebenen Verhaltensweisen und Methoden zielen darauf ab, die Illusion zu erzeugen, dass die Zielperson einen niedrigeren Status innehat als der „überlegene" Narzisst. Ganz anders sieht der Umgang mit Scham zwischen nicht narzisstischen Personen aus.

Vereint in Scham

Fassen wir das bisher Beschriebene an dieser Stelle kurz zusammen: Menschen, die sich zu lange auf der linken Seite des Scham/Grandiosität-Kontinuums aufhalten, werden Schamgefühle irgendwann internalisieren. Diese Internalisierung führt zu permanenten Minderwertigkeitskomplexen und zu dem Gefühl, kein vollwertiger Mensch zu sein. Die betroffene Person kann irgendwann den Glauben entwickeln, sie *verdiene* keine Unterstützung von anderen, sondern sei vielmehr verpflichtet, andere zu unterstützen, um auf diese Weise ihren Wert zu beweisen.

In Gegensatz hierzu wird Scham in einer gesunden Beziehung gerecht geteilt und dadurch eliminiert. Die Beteiligten arbeiten zusammen, um in der Mitte des Kontinuums zu bleiben. Sie signalisieren einander: Wir sind beide menschlich, wir machen beide Fehler und keiner von uns ist „besser" als der andere. Wir sind gleichwertig. Jede Art der Kommunikation, die hiervon abweicht, instrumentalisiert, ob gewollt oder ungewollt, Scham als Mittel der Machtausübung. Nehmen wir ein Beispiel, in dem

Sie einem guten Freund von einer peinlichen Situation berichten, in der Sie sich vor jemandem, den Sie attraktiv finden, blamiert haben. Ihr Freund kann darauf reagieren, indem er selbst von einer ähnlichen Situation in seinem Leben berichtet, in der er sich blamiert gefühlt hat. Hiermit signalisiert er Ihnen Akzeptanz und Solidarität. Die Notwendigkeit, Scham zu empfinden, wird durch die Bekräftigung, dass Sie mit Ihrer „Schwäche" nicht allein dastehen, eliminiert. Nehmen wir nun an, Sie öffnen sich mit dem gleichen Erlebnis einem Narzissten. Anstatt Solidarität zu zeigen, erkennt der Narzisst in Ihrer offenbarten „Schwäche" eine Möglichkeit, Sie „kleinzuhalten" und seine eigene vermeintliche Größe auszuspielen. Vielleicht kichert oder lacht er über Ihre Erzählung und richtet das Gespräch sofort darauf, wie erfolgreich *seine* letzten Eroberungsversuche waren und wie beeindruckt attraktive Menschen von *ihm* regelmäßig sind. In einer gesunden Beziehung werden persönliche Anliegen, die Sie mit anderen teilen, von diesen akzeptiert und mit Wertschätzung behandelt. Ihre Einschränkungen und persönlichen Grenzen werden akzeptiert. Im Zentrum der Beziehung steht ein gleichberechtigter Austausch, nicht Kontrolle und Wettbewerb. Die Beteiligten spielen keine „Psychospielchen" miteinander. Wenn gelacht wird, dann gemeinsam und nicht *über* eine der beteiligten Personen.

Zu den Verhaltensweisen von Menschen mit gesunder Scham und einem gesunden Einfühlungsvermögen gehören die folgenden:

- Sie stellen sich auf Ihre Gefühle ein und reagieren angemessen.
- Sie suchen nach Wegen, um *mit* Ihnen zu lachen.
- Sie gestehen Fehler ein, ohne nach Ausreden zu suchen.

- Sie gewähren Ihnen Freiraum, in dem Sie sich selbst ausdrücken können.
- Sie passen ihre Gefühlswelt so an, dass sie mit Ihnen auf einer tiefen Ebene in Verbindung treten können.
- Sie akzeptieren ohne Vorbehalte gesunde Grenzen in ihrer Beziehung.
- Sie erkennen an, dass beide Partner einen gleichwertigen Status haben.
- Sie respektieren Ihre Verletzlichkeit und zeigen sich im Gegenzug selbst verletzlich.

Solange ein Mensch von anderen umgeben ist, die eine ausbalancierte Position auf dem Scham/Grandiositäts-Kontinuum einnehmen und sich für Gleichheit einsetzen, wird er *gesunde Scham* empfinden. Er wird an sein eigenes Potenzial glauben und sich selbst als wertvoll wahrnehmen, aber gleichzeitig seine natürlichen Begrenzungen anerkennen, ebenso wie das Recht anderer darauf, ihre jeweilige *Grandeur* zum Ausdruck zu bringen. Ein solcher Mensch wird weder von seiner Scham definiert noch wird er ihr erlauben, sein Leben zu kontrollieren. Er nutzt sein Schamgefühl vielmehr, um sich weiterzuentwickeln und gut mit denen auszukommen, die ihm wichtig sind. Ein solcher Mensch sucht stets nach neuen Wegen, um sich zu entfalten, aber auch, um andere in ihrer Entwicklung zu unterstützen. Nicht zuletzt weigert er sich, Schamlosigkeit im Verhalten anderer zu tolerieren.

Auf Schamlosigkeit reagieren

Wie zuvor gezeigt wurde, lässt das Gesetz der Grandiosität eine von fünf schambasierten Reaktionen auf die Begegnung mit einer vermeintlich „höherrangigen" Person zu. Das Gesetz kann auch auf die Beziehung mit einem Narzissten angewendet werden. Wenn der Narzisst eine seiner beschriebenen Techniken und Methoden anwendet, stehen der Zielperson die folgenden fünf Wege offen, um zu reagieren:

- **den niedrigeren Status akzeptieren:** Sich dem Rollenbild des Narzissten zu unterwerfen führt dazu, dass toxische Scham sich unkontrolliert ausbreiten kann. Handelt es sich beim Narzissten um ein Elternteil und bei der Zielperson um ein Kind, bleibt diesem kaum eine andere Wahl, als die ihm zugewiesene Position in der „Hackordnung" zu akzeptieren. Sind beide handelnden Personen Erwachsene, wird der Narzisst versuchen, das Selbstwertgefühl der Zielperson so nachhaltig zu brechen und sie derart in die Beziehung mit ihm zu verwickeln, dass sie sich dazu genötigt sieht, ihren niedrigen Status „freiwillig" zu akzeptieren.

- **versuchen, dem vom Narzissten vorgegebenen Maßstab gerecht zu werden:** Die Zielperson kann auf die Sticheleien und Vergleiche des Narzissten reagieren, indem sie umso stärker versucht, ihm zu gefallen, sich zu rechtfertigen und zu verteidigen oder sich zu „verbessern", um endlich „gut genug" zu sein. Der Narzisst hält die Dynamik aufrecht, indem er die Latte einfach immer höher anlegt. Insofern bleibt die Zielperson im „Hamsterrad" gefangen und spielt ein Spiel mit, das sie nicht gewinnen kann. In so gut wie jedem Fall führt der Prozess bei der Zielperson zu überwältigenden Schamgefühlen.

- **Identifikation mit dem Narzissten:** Von allen Reaktionen ist dies diejenige, die am häufigsten auftritt. Bei einem Kind erfolgt die Identifikation mit den Eltern, die als „allmächtige Götter" wahrgenommen werden, ganz automatisch. Es handelt sich um eine notwenige Überlebensstrategie. In einer Beziehung zwischen Erwachsenen sorgt der Narzisst dafür, dass die

Zielperson *glaubt*, sich in einer liebenden, gleichberechtigten Beziehung mit ihm zu befinden. Ihm hilft dabei, dass die meisten von uns ganz natürlich ein Gefühl der Vertrautheit und Verbundenheit mit denen entwickeln, die uns gefühlt am nächsten stehen. Da sich der Narzisst darauf versteht, genau in dieser Weise wahrgenommen zu werden, erreicht er oft, dass sich die Zielperson durchgehend positiv mit ihm identifiziert.

- **Dis-Identifikation vom Narzissten:** Kindern steht diese Möglichkeit in den allermeisten Fällen schlichtweg nicht zur Verfügung. Für Erwachsene aber stellt sie die vermutlich beste Art dar, um auf Narzissten zu reagieren. Zur Dis-Identifikation gehören Schritte wie die Beendigung der Beziehung zum Narzissten oder die Verweigerung, sich emotional von diesem involvieren zu lassen, um sich auf diese Art vor seiner Manipulation zu schützen. Beide Strategien werden an späterer Stelle noch ausführlich behandelt, im Abschnitt mit dem Titel „Verbrannte Erde".

- **sich dem Narzissten entgegenstellen:** Die Zielperson kann sich versucht fühlen, den Narzissten zu konfrontieren und ihm sein Verhalten vorzuwerfen. Generell ist es jedoch wenig empfehlenswert, dem Narzissten auf seinem eigenen Spielfeld entgegenzutreten. Der Grund hierfür ist einfach: Drama und Psychospielchen sind seine Domäne. Er hat hierin nicht nur mehr Übung als sie, sondern er *genießt* derartige Eskalationen. Es ist daher nicht ratsam, sich auf ein solches Niveau herabzulassen, um den Narzissten nicht unwillentlich narzisstische Versorgung zu liefern. Auch hierauf wird in späteren Kapiteln noch ausführlicher eingegangen.

Nachdem in den vorhergehenden Abschnitten ein Grundverständnis für die Funktion von Scham, für die Natur und Handlungsweisen von Narzissten und für die Wirkung ihrer Techniken und Methoden auf die Zielperson geschaffen wurde, ist es an der Zeit, den Fokus dahin zu lenken, wo Sie ganz konkret mit der Veränderung beginnen können, um sich vom Narzissmus zu befreien: auf Sie selbst. Oder noch genauer: auf das, was als Ihr Selbst bezeichnet werden kann.

Der Kern der Zielperson

Erlöst zu sein bedeutet nicht, perfekt zu sein. Um erlöst zu sein, muss man die eigene Unvollkommenheit erkennen.

- John Piper

Über das wahre Selbst

Im Kern jedes Menschen liegt sein wahres Selbst. Das wahre Selbst ist Gefühl, Kreativität, Spontanität, Energie, Neugier, Liebe, Frieden, Intuition und natürlich: *Grandeur*. Es richtet sich nicht nach Logik. Es betrachtet die Welt nicht durch die Augen der Vernunft. Solche Aufgaben überlässt es dem praktischen Verstand. Das wahre Selbst nimmt die Welt in einer Weise wahr, die dem reinen Verstand verborgen bleibt. Unser Verstand besitzt viele Fähigkeiten, wie etwa die, Informationen aufzunehmen, zu speichern und für unsere Entscheidungen zu verwenden. Das wahre Selbst hingegen verfügt über die Fähigkeit, neues Wissen praktisch „aus dem Nichts" zu generieren. Wo der Verstand *analysiert* und *vergleicht*, ist das wahre Selbst damit beschäftigt, Dinge zu *fühlen* und *intuitiv zu erahnen*, um auf diese Weise die Umwelt eines Menschen in sein Inneres zu integrieren. Das wahre Selbst ist ein äußerst empfindsamer und auch empfindlicher Teil von uns, der ohne angemessenen Schutz leicht Schaden nimmt und auf verschiedene Weisen negativ beeinträchtigt werden kann. Ein gutes Beispiel für das wahre Selbst in seiner reinen Form zeigt sich in der schier grenzenlosen Energie, Neugier und Begeisterungsfähigkeit von kleinen Kindern. Der Ausdruck ihres wahren Selbst ist unverstellt und ungekünstelt, da er noch nicht der Selbstkontrolle eines voll entwickelten Verstandes unterliegt, der ihren Selbstausdruck und ihre Wahrnehmung der Welt filtert und einschränkt.

In Verbindung mit unserem wahren Selbst zu stehen bedeutet, einen Überfluss an Energie und Inspiration zu verspüren. Auch wenn es empfindlich und verletzlich ist, ist das wahre Selbst in Wirklichkeit derjenige Teil von uns, der die meiste Kraft entfalten kann. Das wahre Selbst verschafft uns unsere „Lebensenergie". Akzeptiert und integriert, verschafft es uns Zugang zu unserer innersten „Menschlichkeit" und zu unserer kreativen, schöpferischen Kraft. Das wahre Selbst verbindet uns als Menschen. Während unser Verstand in der Lage ist, Fakten aufzunehmen und zu reproduzieren, erlaubt das wahre Selbst uns, Empathie mit anderen Menschen zu empfinden und mit ihnen eine tiefgehende Verbindung einzugehen. Fakten können uns in unserem Leben nur bis zu einem bestimmten Punkt voranbringen. Erst die intuitive Kraft des wahren Selbst ermöglicht uns die Entwicklung unserer vollen Menschlichkeit und hilft uns dabei, unser angeborenes Potenzial zu erfüllen. Es ermöglicht uns, mit anderen Worten, einen Zugang zum Bereich des „Göttlichen", eine unmittelbare Erfahrung des „Wunders des Seins". Mit ihm in Verbindung zu stehen ist vergleichbar damit, in allen Herausforderungen des Lebens einen guten Freund an seiner Seite zu haben. Das wahre Selbst ist die Art, in der das Leben durch uns wirksam wird. Es ist anpassungsfähig, entwickelt sich durch unsere Erfahrungen ständig weiter und besitzt die Macht, tiefgehend zu verändern, wie wir die Welt erleben und wahrnehmen.

Zu viele Erwachsene haben gelernt, ihr wahres Selbst zu verleugnen und zu unterdrücken. Alle Menschen haben ein natürliches Bedürfnis danach, gesehen, verstanden, respektiert und geliebt zu werden. Sind diese Grundbedürfnisse erfüllt, kann das wahre Selbst aufblühen und sich voll entfalten. Ein Mensch, der mit seinem wahren Selbst in Verbindung steht, fühlt sich nicht zerrissen und fragmentiert, sondern integriert und mit sich selbst im Reinen. Er fühlt sich „ganz", erfüllt und spürt intuitiv die Richtung, die er in seinem Leben einschlagen muss. Ist ein Mensch hingegen dauernd überwältigenden, scheinbar hoffnungslosen und „unaustilgbaren" Schamgefühlen ausgesetzt, ist sein Selbstempfinden ein völlig anderes. Gefühle der Stagnation, der Machtlosigkeit, der Zerstreuung, ja der innerlichen Zerrissenheit sind in diesem Fall die Folge. Das Selbstwertgefühl des Betroffenen sinkt auf ein äußerst niedriges Niveau. Insofern stehen die Stärke und Gesundheit unserer Beziehung zu unserem wahren Selbst in direkter Beziehung zu unserem Selbstwertgefühl.

Auch unser Umfeld hat einen Einfluss darauf, wie gut sich unser wahres Selbst entfalten kann. Um auf diesem Feld Fortschritte zu machen, brauchen wir „Resonanz" von Menschen, die uns nahestehen. Resonanz bedeutet in diesem Fall, dass unsere Umgebung uns erlaubt, unseren Gefühlen Ausdruck zu verleihen, ob sie nun gut ausfallen oder schlecht, und in einer Weise reagiert, durch die wir uns verstanden fühlen können. Wir brauchen das Gefühl, dass andere unsere Gemütszustände begreifen, sie akzeptieren und uns bei ihrer Bewältigung unterstützen. Stellen wir uns beispielsweise vor, wir bringen jemandem gegenüber Traurigkeit zum Ausdruck. Eine Möglichkeit, auf unsere Äußerung zu reagieren, besteht darin, sie mit einer abweisenden Bemerkung wie „Hab dich nicht so. Es wird schon alles gut werden" abzutun. Eine andere Möglichkeit liegt jedoch darin, dass unser Gegenüber das Gefühl zulässt, aufnimmt und teilt. Auf diese Weise bietet uns unser Gesprächspartner Resonanz. Das Resultat besteht darin, dass zwei Menschen einen emotionalen Zustand oder eine Stimmung teilen, unabhängig davon, um welche *Art* von Gefühl es sich handelt. Das Ergebnis sind zwei Menschen, die auf der Ebene der Gefühle eine tiefgehende Verbindung miteinander eingehen.

Je mehr Resonanz wir von anderen erhalten, umso stärker wird unsere Lebenskraft und umso stärker wird auch der Antrieb für unser wahres Selbst. Können Sie sich an Momente in Ihrem eigenen Leben zurückerinnern, in denen Sie sich unterstützt und geliebt fühlen konnten und als Folge daraus völlig neue Energie verspürten, um das Leben anzugehen und zu „umarmen"? Nicht nur romantische Beziehungen sind in der Lage, uns einen solchen Schub zu geben, sondern jeder Mensch in unserem Leben, von dem wir uns wirklich verstanden fühlen. Liebe und Unterstützung sind „lebensbejahend". Sie sind die Antriebskräfte unserer persönlichen Welt. Beschämt und im Kern unseres Selbst zurückgewiesen zu werden bewirkt das Gegenteil. Die Schönheit des wahren Selbst wird in diesem Fall von Zweifeln getrübt und einer strikten kritischen Selbstprüfung unterworfen. Die Einwirkung von zu viel Scham sorgt dafür, dass das wahre Selbst analysiert, hinterfragt, verurteilt und letztendlich *abgelehnt* wird.

Über das Ego

Unser Ego basiert auf unserem praktisch denkenden Verstand. Es ist unser Repräsentant in der Welt; eine Ansammlung von Gedanken, Glaubensgrundsätzen und Vorstellungen davon, wie die Welt ist und wie wir uns zu ihr verhalten sollten. Das Ego formt auch unsere Vorstellung davon, wer wir selbst in dieser Welt sind. Es kontrolliert, wie wir zu anderen Menschen in Beziehung treten, welche Elemente unserer Persönlichkeit wir ihnen zeigen und welche wir lieber vor ihnen verborgen halten. Zwar sind Intuition, Energie und Liebe die Merkmale, die uns wirklich menschlich machen, doch zugleich müssen wir, um im Leben zurechtzukommen, auch wissen, wie man Rechnungen bezahlt, Straßenkarten liest, sich an gesellschaftliche Konventionen hält und natürlich, wie man bemerkt, wenn andere versuchen, uns zu manipulieren.

Über das falsche Selbst

Das falsche Selbst ist eine Konstruktion des Egos. Es ist ein Repertoire an Wahrnehmungen und Verhaltensweisen, die eine Persönlichkeit ausmachen. „Falsch" wird dieses Selbst dadurch, dass es nicht auf unserem wahren Selbst basiert. Es ist von der Intuitions- und Gefühlswelt eines Menschen abgekoppelt. Erinnern wir uns daran, dass das wahre Selbst Sicherheit, Liebe, Respekt und Verständnis benötigt, um sich zu entfalten. Für eine Zielperson, die keine ehrliche emotionale Verbindung mit anderen erleben darf oder die ausgebeutet wird, kann es extrem schmerzhaft sein, das eigene, wahre Selbst zu erfahren. Hört sie in einer solchen Situation auf ihr wahres Selbst, wird sie sich hierdurch nur noch stärker der Tatsache bewusst, dass sie permanent gezwungen wird, sich zu verbiegen und ihre wahre Natur zu verleugnen. Auch für einen Narzissten ist die Auseinandersetzung mit seinem wahren Selbst beängstigend, da er hierdurch gezwungen wird, seine Grenzen anzuerkennen und Scham zu erfahren. Insofern besteht sowohl für die Zielperson als auch für den Narzissten die Versuchung, ein falsches Selbst zu erschaffen und sich mit diesem zu identifizieren. Dieses falsche Selbst verdrängt das wahre Selbst und handelt an seiner Stelle, um die Realität des Betroffenen zu manipulieren und sie dadurch erträglicher zu gestalten.

Das falsche Selbst dient vorrangig zwei Zwecken:

- Es bewahrt einen Menschen davor, sein wahres Selbst unmittelbar erfahren zu müssen, und, als Konsequenz, davor, von der Außenwelt beeinflusst zu werden. Dies reduziert wiederum die Scham und den Schmerz, die er erleiden muss.
- Es erlaubt einem Menschen, seine Umgebung zu manipulieren, in der Hoffnung, dadurch seine Bedürfnisse zu befriedigen.

Sowohl Narzissten als auch Zielpersonen tragen ein falsches Selbst mit sich herum. Die Zielperson benötigt es, um überhaupt mit dem Narzissten interagieren zu können. Ihr falsches Selbst basiert darauf, sich permanent davon zu überzeugen, dass es „normal" und „richtig" ist, ihre eigenen, innersten Bedürfnisse zurückzustellen, um dem Narzissten zu gefallen. Sie benutzt ihr falsches Selbst gegenüber dem Narzissten, um von diesem nicht verlassen zu werden. Der Narzisst hingegen verwendet sein falsches Selbst dafür, andere zu dominieren, um sich Kontrolle und narzisstische Versorgung zu sichern. Hierfür erschafft er sich ein falsches Selbst, das, anders als sein verdrängtes, menschliches Selbst, keine Schwächen kennt.

Im Laufe seines Lebens entwickelt ein Narzisst ein schlagkräftiges Arsenal an Überzeugungen und Verhaltensweisen, die zusammen sein falsches Selbst ausmachen. Mit ihrer Hilfe erschafft er einen Deckmantel, der verhindert, dass andere sein wahres Selbst erkennen können. Das falsche Selbst eines Narzissten erscheint „Uneingeweihten" oft sehr verlockend. Meistens dauert es eine Weile, bis man bemerkt, dass man es nicht mit einer „echten" Person zu tun hat. Narzissten sind oft sehr geschickt darin, zu verhindern, dass andere ihre Illusion durchschauen.

Einige Beispiele für ein falsches Selbst, das Narzissten regelmäßig kreieren, sind:

- **der Geschichtenerzähler:** erzählt eine Geschichte nach der anderen, wobei ihn jede Erzählung als „mächtigen Entscheider" dastehen lässt. Manchmal ist er zu Beginn schlechter gestellt oder wird benachteiligt, doch zuletzt schafft er es immer, die Herausforderung zu meistern und die Oberhand zu gewinnen.
- **das Opfer:** Aus irgendeinem Grund entwickeln sich für diesen Menschen die Dinge nie so, wie sie eigentlich sollten. Immer wieder hat er neue „Opfergeschichten" zu erzählen, in denen ihm irgendein Unrecht widerfahren ist. Konstruktive Lösungsvorschläge weist er vehement zurück. Sein einziges Ziel besteht darin, andere in seine eigenen Probleme zu verwickeln und sie so lange wie möglich in seiner Leidenswelt gefangen zu halten.

- **der starke, ruhige Typ:** behält seine Stimmungen für sich, zeigt so gut wie nie eine Gefühlsregung und erweckt dadurch den Eindruck eines Menschen ohne Schwächen. Sein Auftreten ist stoisch-distanziert. Auch in seine Beziehungen investiert er wenig Energie. Dies wird von Zielpersonen oft als Anzeichen für Macht und Überlegenheit wahrgenommen.
- **der Clown:** Hat für jede Situation einen passenden Spruch parat. Meistens ziehen seine Scherze andere ins Lächerliche. Manchmal spielt er auch Streiche oder hört nicht auf, einem mit „witzigen" Internet-Videos auf den Leib zu rücken.
- **der „intellektuelle" Redenschwinger:** hält ewige Monologe, um seinen Gesprächspartner oder ganze Gruppen einzuwickeln und bei sich festzuhalten, auch wenn er mit seiner Art der Versammlung sämtliche Energie entzieht.
- **die Matriarchin/der Patriarch:** Elternteile oder Manager spielen regelmäßig diese Rolle. Die hierarchische Position wird dabei als Ausrede für schamloses Verhalten benutzt, um Kinder oder Angestellte zu unterdrücken und dazu zu zwingen, den vermeintlich Höherstehenden zu „verehren".

Sämtliche der benannten Rollen sind im Grunde genommen Werkzeuge, um andere zu kontrollieren. Welches davon ein Narzisst in einer bestimmten Situation verwendet, hängt sowohl von seiner Persönlichkeit als auch von der Stärke und dem Selbstwertgefühl der Zielperson ab. So kann es beispielsweise sein, dass derselbe Narzisst gegenüber seinem Kind, das ihm wenig Macht entgegenzusetzen hat, die Rolle eines Patriarchen bzw. einer Matriarchin einnimmt, um ihm im Kasernenhofton Befehle zu erteilen oder es lächerlich zu machen. Im Umgang mit seiner empathisch veranlagten Schwester, die ihm als Erwachsene mächtiger erscheint, verlegt er sich stattdessen auf eine Opferrolle, um dann gegenüber einem Freund den Geschichtenerzähler oder Clown zu geben. Verfügt der Freund über ein niedriges Selbstwertgefühl, kann der Narzisst auch hier die Rolle eines Patriarchen bzw. einer Matriarchin einnehmen. Insoweit ist das Instrumentarium eines Narzissten äußerst vielseitig. Falls erforderlich, probiert er einfach so lange verschiedene Methoden aus, bis er einen Zugang gefunden hat, um seine Zielperson zu kontrollieren. Für den Narzissten spielt es keine Rolle, *wie* genau er die Kontrolle über seine Zielperson erlangt; wichtig ist ihm lediglich, *dass* es ihm gelingt. Falls es ihm nicht möglich ist, die Zielperson direkt und offen zu manipulieren, reicht es ihm oft aus, die Aufmerksamkeit der Person an sich zu binden. Solange er den Ton angeben und die Bedingungen diktieren kann, verschafft ihm die Beziehung seine narzisstische Versorgung.

Der Umgang mit dem falschen Selbst eines Narzissten kann einem so vorkommen, als wäre man ein Zuschauer bei einem Theaterstück oder als lese man einen Roman. Sein Auftreten ist pompös und einnehmend. Alles ist darauf ausgerichtet, Sie ganz in seinen Bann zu ziehen und dafür zu sorgen, dass er Ihnen seine Bedingungen diktieren und Sie unter seinem Einfluss halten kann. Ein vollendeter Narzisst fällt nie aus seiner Rolle. Sein falsches Selbst ist unwiderstehlich und absolut. Befindet man sich einmal unter seinem Einfluss, ist es äußerst schwierig, wieder davon loszukommen. Die Beziehung sorgt dafür, dass man nicht „von der Stelle" kommt. Es gibt in ihr keinen echten Fortschritt und auch keine Entwicklung. Die Beziehung bleibt eine reine „Kopfsache", auch wenn Sie sich noch so sehr nach ehrlichen Gefühlen sehnen. Ihr Verhältnis zum Narzissten fühlt sich leer an und hinterlässt bei Ihnen ein Gefühl der Verzweiflung. Es wird zwar viel geredet und getan, aber tief in Ihrem Inneren findet nie eine echte Verbindung statt. Es gibt keine

Entwicklung und kein Wachstum. Es ist ein bisschen, wie den ganzen Tag über auf der Couch zu liegen und Serien zu schauen oder endlos in einem Hamsterrad gefangen zu sein.

Von der Suche am falschen Ort

Wir alle halten in gewissem Maße ein falsches Selbst aufrecht. Schließlich handelt es sich um ein nützliches Werkzeug für den Umgang mit der Welt. Wir tragen es wie einen Anzug, um beispielsweise in der Geschäftswelt zu bestehen, und legen es am Abend ab, um Menschen, die uns nahestehen, an uns „heranzulassen" und mit ihnen auf der Ebene der Gefühle Verbindung aufzunehmen. Narzissten funktionieren anders. Sie tragen ihr falsches Selbst 24 Stunden am Tag, an 7 Tagen in der Woche und verwenden es gegenüber *jedem*, ganz egal, wie nahe ihnen die betroffene Person steht oder stehen sollte. Ihr Ziel besteht darin, andere zu kontrollieren und nicht, authentische Verbindungen zu ihnen aufzubauen oder innerliches Wachstum zu erleben. Verletzlichkeit zu zeigen ist für einen Narzissten tabu. Der Narzisst steht nicht in Verbindung mit seinen Gefühlen. Es ist unmöglich, von ihm Resonanz zu erfahren. Der Narzisst lebt in einer eigenen, selbst gewählten Realität, die er ständig bestärken und aufrechterhalten muss. Er benötigt eine Zielperson, die absolut auf ihn fixiert ist und deren Realitätswahrnehmung sich um ihn dreht wie die Erde um die Sonne. Die Zielperson selbst hofft in einer Beziehung mit einem Narzissten umsonst darauf, so akzeptiert zu werden, wie sie ist. Sie sieht sich permanent dazu gezwungen, eine ganz bestimmte Rolle zu spielen, die einzig und allein dazu dient, die Grandiosität des Narzissten zu bedienen. Um vom Narzissten akzeptiert zu werden, bemüht sie sich, ein falsches Selbst zu kreieren, welches mit dem des Narzissten kompatibel ist. Das falsche Selbst der Zielperson besteht aus einer Sammlung von Verhaltensweisen, die vor allem verhindern sollen, dass der Narzisst sie verlässt. Der Narzisst nährt diese Furcht, indem er immer wieder deutlich macht, dass die Zielperson mit Ablehnung zu rechnen hat, falls sie versucht, ihr wahres Selbst zu zeigen.

Eine der am häufigsten von Zielpersonen eingenommenen Rollen ist die eines „netten" Menschen. Eine Person, die diese Rolle spielt, ist besonders brav und entgegenkommend. Der Narzisst bestärkt und belohnt ein solches Verhalten, da es ihm einen klaren Vorteil bietet: Egal, wie wütend, frustriert oder verletzt die Zielperson sich fühlt, wagt sie es in der Regel nicht, aus dem strikten Korsett des vom Narzissten vorgegebenen Verhaltensmusters auszubrechen. Sie verdrängt ihre Gefühle und verhält sich weiter „brav", da sie ansonsten befürchten muss, ihre Belohnung durch den Narzissten zu verspielen. Durch diesen Akt der Verdrängung und der Selbstverleugnung wird das von der Zielperson angenommene Selbst zu einem falschen Selbst. Es stimmt nicht mit dem überein, was die Zielperson in einem bestimmten Moment *wirklich* fühlt und braucht. Anstatt mit ihrem wahren Selbst, identifiziert sich die Zielperson mit einem künstlichen mentalen Konstrukt, das sich nach den Vorgaben des Narzissten richtet. Wie an früherer Stelle bereits erwähnt, prägen ständig wiederholte Verhaltensweisen irgendwann die Identität des Handelnden. Durch die Konditionierung des Narzissten *wird* die Zielperson irgendwann subjektiv zu ihrer Ansammlung von angelernten Verhaltensweisen und Überzeugungen.

Die verschiedenen Rollen, die Narzissten regelmäßig spielen, zwingen die Zielperson zu einer „Spiegelung". Hierfür nimmt die Zielperson eine Rolle ein, die mit derjenigen des Narzissten kompatibel ist. Dies kann sich beispielsweise folgendermaßen äußern:

- **der Geschichtenerzähler:** Die Zielperson bemüht sich, ein besonders guter Zuhörer zu sein. Sie beginnt zu glauben, dass die einzige Art, in der sie selbst etwas zur Beziehung beitragen kann, darin besteht, *ebenfalls* Geschichten zu erzählen. Hierbei muss sie jedoch die ernüchternde und frustrierende Erfahrung machen, dass jede ihrer Erzählungen vom Narzissten „getoppt" wird. Das Ganze wird zu einem Wettkampf, den der Narzisst um jeden Preis gewinnen muss.
- **das Opfer:** Die Zielperson versucht, dem Narzissten entgegenzukommen, indem sie immer mehr Energie und Emotionen darauf verwendet, sich um seine endlosen Probleme zu kümmern. Sobald sie jedoch selbst einmal versucht, ihre eigenen Probleme in die Unterhaltung einzubringen, schaltet der Narzisst einfach ab.
- **der starke, ruhige Typ:** Die Zielperson nimmt die scheinbare Stärke und Verlässlichkeit des Narzissten zum Anlass, um Gefühle zu zeigen und sich verletzlich zu machen, in der Hoffnung, dass der Narzisst ihr dabei helfen kann, diese zu „tragen". Die Unbeweglichkeit des Narzissten kann dabei beruhigend, ab einem gewissen Punkt aber auch frustrierend sein.
- **der Clown:** Die Zielperson macht sich bereitwillig zum Publikum des Narzissten. Sie lacht über seine Scherze, selbst wenn diese auf ihre eigenen Kosten gehen.
- **der „intellektuelle" Redenschwinger:** Die Zielperson hört den endlosen Monologen des Narzissten geduldig zu. Auch wenn sie dabei von immer stärkeren Gefühlen der Hilflosigkeit und der Verzweiflung überwältigt wird, sieht sie keinen Ausweg, um dem Redeschwall zu entkommen. Diese Unausgegli-

chenheit fordert irgendwann ihren Tribut und führt bei der Zielperson zu starken Schamgefühlen.

- **die Matriarchin/der Patriarch:** Die Zielperson wird „infantilisiert", also in die Rolle eines Kindes gezwungen, ganz egal, wie alt sie ist oder in welchem Verhältnis sie zum Narzissten steht. Alle Entscheidungen werden vom Narzissten getroffen, ohne dass sie selbst ein Mitspracherecht bekommt. Beachtung wird ihr nur geschenkt, solange sie sich so verhält, wie es der Narzisst von ihr verlangt.

Solange die Zielperson sich auf diese Art von Rollenspielen einlässt, wird ihr vom Narzissten vorgegaukelt, sie habe sich erfolgreich seine Liebe und Zuneigung gesichert. In Wirklichkeit gilt die Liebe des Narzissten nur seinem eigenen falschen Selbst. Ein echtes Liebesverhältnis kann überhaupt nicht zustande kommen, da bei dieser Art der Interaktion lediglich das falsche Selbst der Zielperson mit dem falschen Selbst des Narzissten in Verbindung tritt, der wiederum nur an seinem eigenen Selbstbild interessiert ist. Dass hierbei eine emotionale Distanz verbleibt, die das Rollenspiel nicht überbrücken kann, ist offensichtlich.

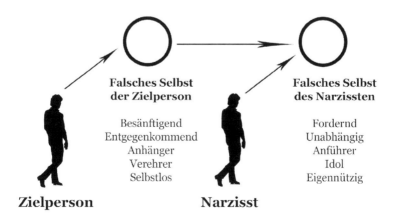

Falsches Selbst der Zielperson

Besänftigend
Entgegenkommend
Anhänger
Verehrer
Selbstlos

Falsches Selbst des Narzissten

Fordernd
Unabhängig
Anführer
Idol
Eigennützig

Zielperson   **Narzisst**

Abbildung 4: *Die Wechselwirkung zwischen einem Narzissten und einer Zielperson. Der Narzisst identifiziert sich mit seinem falschen Selbst. Die Zielperson wiederum identifiziert sich mit ihrem eigenen falschen Selbst, welches das falsche Selbst des Narzissten verehrt. Eine wirkliche Verbindung ist somit unmöglich.*

Das beschriebene Arrangement mag zwar verhindern, dass die Zielperson vom Narzissten verlassen wird. Es erfüllt jedoch in keiner Weise die tatsächlichen Bedürfnisse ihres wahren Selbst. Das wahre Selbst aber lässt sich nicht einfach „abschalten". Es sehnt sich nach authentischer Verbindung und nach einem Ventil für seine *Grandeur*. Insofern ist seitens der Zielperson eine weitere Handlung erforderlich, um ihre unbefriedigt bleibenden Bedürfnisse wenigstens dem Anschein nach zu decken. Das Ergebnis ist *Dissoziation*.

Auf Wiedersehen, Welt

Ein falsches Selbst aufrechtzuerhalten, welches das falsche Selbst eines anderen verehrt, ist eine sehr einsame Erfahrung. Das wahre Selbst der Zielperson wird hierdurch dauerhaft vernachlässigt und sie wird gezwungen, Scham zu empfinden. Die Zielperson sehnt sich zwar nach Anerkennung und Wertschätzung seitens des Narzissten, erfährt im Umgang mit ihm jedoch nichts als emotionale Distanziertheit, Beschämung, Ablenkungsmanöver oder, wenn der Narzisst sich nicht anders zu helfen weiß, Wutausbrüche. Der Narzisst reagiert mit Irritation und Ärger, wenn er mit den Bedürfnissen der Zielperson konfrontiert wird, da diese für ihn lediglich eine unerwünschte Ablenkung von der Richtung darstellen, die er der Beziehung vorgeben will. Auf diese Weise wird der *Grandeur* der Zielperson verwehrt, sich auszudrücken und sich zu entfalten. Die Zielperson sehnt sich verzweifelt danach, sich von ihren Gefühlen der Einsamkeit, der Scham und der Vernachlässigung zu befreien, doch es steht ihr niemand zu Verfügung, um hierfür Resonanz zu bieten. Das Einzige, was ihr übrig bleibt, ist Dissoziation. Da die wahre Welt ihr einen Ausdruck ihres wahren Selbst verweigert, beginnt sie, sich selbst und die Welt um sich herum durch die Filter ihrer *Vorstellungskraft* und *Einbildung* zu betrachten. Auf diese Weise kann sie ihrem wahren Selbst ein Ventil verschaffen und in einem gewissen Rahmen die Kontrolle über ihr Selbstbild zurückerlangen.

Das eingebildete, falsche Selbst, das die Zielperson dabei erschafft, wird, anders als ihr durch Scham kompromittiertes wahres Selbst, als allmächtig und grenzenlos wahrgenommen. Es ähnelt somit dem falschen Selbst des Narzissten. Man könnte sagen, dass sich auch die Zielperson auf diese Weise narzisstisch verhält, da sie ihre fehlerbehaftete Menschlichkeit verleugnet und sich stattdessen mit einem ausgedachten, „perfekten" Selbst identifiziert. Der Hauptunterschied zum Narzissten besteht darin, wie die Zielperson mit ihrem eingebildeten Selbst umgeht. Der Narzisst verleiht seiner Grandiosität Ausdruck, indem er durch sein falsches Selbst aktiv mit seinem Umfeld in Verbindung tritt, was vorrangig dadurch geschieht, dass er andere in seiner Umgebung instrumentalisiert, kontrolliert und sie sich unterwirft. Im Gegensatz dazu verwendet die Zielperson ihr eingebildetes Selbst für eine *Loslösung* von der Welt; sie flüchtet sich in eine Fantasie, in der ihr eingebildetes Selbst ohne die Prüfungen und Herausforderungen der echten Welt existieren kann, um auf diese Weise ihre Grandiosität fiktiv und ersatzweise auszuleben.

Ein Leben in Dissoziation ist somit ein Bewältigungsmechanismus, der eine neue, separate Realität erschafft. Diese liegt fernab des wahren Selbst, fernab der Wirklichkeit und fernab von der schmerzhaften Erfahrung toxischer Scham. Wenn ein Narzisst gezwungen ist, seinen Schamgefühlen zu begegnen, liegt seine Taktik darin, zu lügen, abzulenken, zu manipulieren und, wenn nötig, in Wutausbrüche zu verfallen. Eine Zielperson reagiert hingegen, indem sie sich in ihre eigene, vermeintlich sichere Fantasiewelt zurückzieht. Dort steht es ihr frei, all das zu sein, was sie schon immer sein wollte. In ihrer Fantasiewelt muss sie niemals das Gefühl erfahren, weniger wert zu sein als jemand anderes. Sie wird dort nicht niedergemacht und muss sich keiner der vielen „Reibungskräfte" der realen Welt aussetzen. Ein Mensch, der sich in einem Zustand der Dissoziation befindet, verliert sowohl den Kontakt mit seinem wahren Selbst als auch den mit seinem praktisch denkenden Verstand. Die Welt, in die er sich zurückzieht, befindet sich an einem völlig anderen Ort. In ihr ist es ihm endlich möglich, sich all die Macht und all die Liebe „zurückzuholen", die ihm in der Beziehung mit dem Narzissten vorenthalten bleiben. In ihr kann er Diskussionen mit dem Narzissten führen und diese gewinnen, sodass er erstmals ein Gefühl von Macht entwickeln kann. Indem er sich Situationen ausmalt, in denen andere ihm zuhören und mit Verständnis auf ihn reagieren, kann er Resonanz erfahren und sich geliebt vorkommen. Insofern wird die eingebildete Welt des dissoziierten Menschen zu einem Ventil für die sehr realen Bedürfnisse seines wahren Selbst.

Ein integriertes Ego

In einer idealen Welt wird ein junger Mensch in den frühen Stadien seines Lebens an die Hand genommen und behutsam an die Härten und Herausforderungen des Lebens herangeführt. Während er seine Gefühlswelt erkundet, sich seines wahren Selbst zunehmend bewusst wird und dabei sowohl auf innere Beschränkungen als auch auf äußere Hindernisse stößt, bringt man ihm Strategien bei, um auch gegen Widerstände seinen Weg zu finden. Scham existiert in einer solchen Welt als sanfter, richtungsgebender Druck. Sie wird niemals so überwältigend, dass der Betroffene den Mut verliert. Überhaupt werden Gefühle von ihm so gut wie nie als überwältigend wahrgenommen. Schritt für Schritt hat man ihm beigebracht, mit seinen Emotionen umzugehen, sobald sie auftreten. Dies ermöglicht ihm, auch im Angesicht starker Gefühlsregungen mit seiner inneren Stärke und mit seiner *Grandeur* in Kontakt zu bleiben. Seine Gefühle werden von seinem Umfeld weitgehend akzeptiert, ob sie nun „gut" oder „schlecht" sind. Niemand zwingt ihn, eine Rolle zu spielen, in der er seine Gefühle verdrängen oder unterdrücken muss. Im Gegenteil: Manchmal passen sich die wichtigsten Bezugspersonen *ihm* an oder bemühen sich, das Umfeld so anzupassen, dass der junge Mensch sich gleichwertig und besonders fühlen kann. Dieses Gleichgewicht ermöglicht ihm, sich zugleich besonders und menschlich zu fühlen. Auf dem Scham/Grandiositäts-Kontinuum befände sich ein solcher Mensch etwa in der Mitte. Sein Lebensweg ist mit einer Wanderung durch eine offene Ebene vergleichbar: Hindernisse können umgangen werden. Unterstützung ist bereitwillig verfügbar und erreichbar.

Das Ergebnis einer solchen Erziehung ist ein gut ausgebildetes Ego. Der Betroffene ist sich seiner Gefühle bewusst. Er hat gelernt, sie zu erkennen, auszuhalten und auch unter Druck die richtigen Entscheidungen zu treffen. Sein Selbstwertgefühl ist gut ausgeprägt. Im gesellschaftlichen Umgang agiert er selbstsicher und nicht ängstlich. Sein wahres Selbst ist integriert. Sein Verstand ist in der Lage, ungeschriebene soziale Regeln und akzeptable Verhaltensweisen zu erkennen und sowohl die emotionale Welt seines wahren Selbst als auch die emotionalen Welten anderer in seine Entscheidungen miteinzubeziehen. Sollten seine Gefühlsregungen doch einmal überwältigend werden, verfügt er über ausreichende innere Ressourcen, um sich angemessen um sich selbst zu kümmern. Sein Selbstwertgefühl ist stark genug, um bei Bedarf auch andere um Hilfe bitten zu können, ohne sich dabei schlecht oder machtlos zu fühlen. Er kennt sich selbst gut genug, um zu wissen, welche Art von Hilfe er zu einem bestimmten Zeitpunkt benötigt. Er ist versiert darin, zwischen seinem wahren Selbst und seinem Umfeld zu vermitteln. Ein *gesundes* Ego ist entstanden.

Umgangssprachlich wird das Wort „Ego" oft mit Narzissmus in Verbindung gebracht. Regelmäßig wird es verwendet, um jemanden zu beschreiben, der als hochnäsig und von sich selbst eingenommen wahrgenommen wird. Dies unterscheidet sich von der Definition, die in der Psychologie verwendet wird, nämlich als Begriff für *„den Teil des Verstandes, der zwischen dem Bewussten und dem Unbewussten vermittelt und für die Überprüfung der Realität sowie für die Wahrnehmung der persönlichen Identität verantwortlich ist".*

Ein gesundes Ego ist eine Art Mediator. Es trifft logische Entscheidungen auf der Grundlage dessen, was es in der realen Welt wahrnimmt, aber bezieht dabei auch die Signale mit ein, die das wahre Selbst ihm sendet. Es fungiert somit gewissermaßen als

„Augen" des wahren Selbst in der wirklichen Welt. Das Ego ist ein Konstrukt des Verstandes und besitzt damit nicht im eigentlichen Sinne reale Substanz. Im Zen-Buddhismus wird das Ego sogar als ein Hindernis auf dem Weg zur Erkenntnis des wahren Selbst angesehen. Tatsächlich kann das Ego einen Menschen von der Kernerfahrung seines Lebens abtrennen. Trotzdem ist es erforderlich, damit sich ein Mensch in der Welt zurechtfinden kann.

Die Konsequenzen von Dissoziation

Die Lebenserfahrung eines Menschen in einer idealen Welt wurde im vorhergehenden Abschnitt mit einer Wanderung durch eine offene Ebene verglichen. Für einen Menschen unter dem Einfluss eines Narzissten ist das Gegenteil der Fall. Für eine Zielperson von Narzissmus ist das Leben wie ein tückischer, niemals endender Aufstieg über eine steile Felswand ohne Beistand oder Unterstützung. Ihr Umgang mit der Welt ist von ständigen Erfahrungen des Scheiterns und der Zurückweisung geprägt. Gefühlsregungen werden als etwas Überwältigendes wahrgenommen. Für sie fühlt es sich an, als sei sie unablässig „unter Beschuss". Auch fehlt einem solchen Menschen ein sicherer Ort, an dem er ein gesundes Ego entwickeln kann. All dies zusammen führt zu einer verzweifelten Suche nach einem Ausweg, bis der Betroffene schließlich irgendwann den „magischen", dissoziierten Ort in seiner eigenen Vorstellungskraft entdeckt, „über den Wolken", wo es niemals Turbulenzen gibt und wo er sich nie mit den Schmerzen und Reibungskräften des alltäglichen Lebens auseinandersetzen muss.

Ein Zustand der Dissoziation kann verhängnisvolle Folgen haben. Dazu gehören beispielsweise:

- **Lern- und Entwicklungsstörungen:** Um wirklich etwas über die Welt lernen zu können, müssen wir uns sicher fühlen. Nur, wenn wir unsere Gefühlsregungen unter Kontrolle haben, können wir uns ausreichend konzentrieren, um neue Ideen und Konzepte in uns aufzunehmen, die wir für unser alltägliches Leben brauchen. Ein dissoziierter Zustand steht hingegen unserer Wahrnehmung im Weg. Wir stecken zu tief „in unserem Kopf", sodass wir in unserer realen Umwelt relevante Fakten übersehen. Wichtige Konzepte werden von uns nur unklar wahrgenommen oder bleiben reine Abstraktionen. Unserer Wahrnehmung fehlen die Details. Beispielsweise kann es vorkommen, dass eine Person, die die Welt aus einem dissoziierten Zustand heraus betrachtet, von ihrem Tag berichtet und dabei eine Straße beschreibt, die sie gesehen hat, „die mit den ganzen Bäumen". Ein Mensch mit einem gesund ausgebildeten Ego könnte darüber hinaus noch diverse andere Aspekte nennen, wie etwa den Namen und den Ort der Straße, den Umstand, dass es sich um ein beliebtes Tourismusziel handelt, die Eigenheiten einiger der dort angesiedelten Geschäfte oder einen lebhaften Eindruck davon, wie es sich angefühlt hat, dort zu sein. Nur ein gesundes Ego kann Wissen und Erfahrung in ihrer ganzen Bandbreite aufnehmen und integrieren.

- **Schwierigkeiten, mit Gefühlen umzugehen:** Auch eine dissoziierte Zielperson, die viel Zeit in ihrer Fantasie verbringt, wird eine gewisse „Teilnahme" an der wirklichen Welt niemals ganz vermeiden können. Entsprechend wird sie sich auch immer wieder mit den daraus resultierenden Gefühlen auseinandersetzen müssen. Der regelmäßige Rückzug in eine Fantasiewelt hat jedoch zur Folge, dass die Zielperson nur über unzureichende Erfahrung darin verfügt, ihre Gefühle zu verstehen und zu verarbeiten. Aus diesem Grund kann der Umgang mit der Wirklichkeit für sie leicht überwältigend werden. Sein eigenes Leben in den Griff zu bekommen erfordert ein starkes, gut trainiertes Ego, das in der Lage ist, klare Grenzen zu ziehen und Regeln vorzugeben, damit Gefühle sich zwar frei entfalten können, aber nicht außer Kontrolle geraten. Beispielsweise wird ein gut trainiertes Ego wissen, dass der Umgang mit einem bestimmten Freund zwar Spaß macht, aber auch emotional kräftezehrend ist. Es wird daher beschließen, entweder die mit diesem Freund verbrachte Zeit oder aber die Auswahl der Themen, auf deren Besprechung es sich einlässt, zu begrenzen, um sich in der Begegnung nicht emotional zu verausgaben. Ein gut trainiertes Ego erkennt, wann ein guter Freund Hilfe und Unterstützung braucht, aber auch, wann Erholungsphasen nötig sind, um die eigenen „Batterien" wieder aufzuladen. Einem Menschen im dissoziierten Zustand fehlen oftmals solche „Fühler". Er spürt zwar, dass er permanent erschöpft ist, aber es fällt ihm schwer, die Ursachen dafür zu erkennen.

- **Abgeben von Kontrolle:** Nur, indem wir uns auf die Herausforderungen der realen Welt einlassen und uns mit ihnen auseinandersetzen, können wir Kontrolle über unser Leben ausüben. Dissoziierte Zielpersonen scheuen jedoch von einer aktiven Teilnahme an der wirklichen Welt zurück. Sie überlassen wichtige Entscheidungen in ihrem Leben häufig anderen, die es scheinbar „besser wissen" und die den Anschein erwecken, besser in der Welt zurechtzukommen. Nicht selten geben sie damit die Kontrolle an einen Narzissten ab.

- **Anfälligkeit für Manipulation:** Das Abgeben von Kontrolle macht die Zielperson verwundbar für Manipulationsversuche. Da ihr ein gut ausgebildetes und informiertes Ego fehlt, das zwischen ihr und ihrer Umwelt als Mediator auftreten und gesunde Grenzen ziehen kann, hat der Narzisst mit seinen Manipulationsversuchen leichtes Spiel.

- **Erinnerungslücken:** Menschen im dissoziierten Zustand leiden oft unter Lücken und Aussetzern in ihrem Erinnerungsvermögen. Nicht selten können sich Kinder, die in narzisstischen Beziehungen aufgewachsen sind, an weite Teile ihrer Kindheit nur noch undeutlich erinnern. Auch allgemeine Vergesslichkeit kann eine Folge sein.

- **verstärkte Angstgefühle:** Das Aufrechterhalten einer „perfekten" imaginären Welt ist eine ständige Herausforderung, da die Zielperson die Interaktion mit der keineswegs perfekten Außenwelt nie völlig vermeiden kann. Häufig sind verstärkte Angstgefühle in gesellschaftlichen Situationen die Folge. Der Umgang mit anderen Menschen erfordert ein gewisses Zeigen und Öffnen der eigenen Person, was wiederum eine Auseinandersetzung mit dem wahren Selbst und mit der wirklichen Welt erzwingt. Diese Prozesse zerstören die Illusion einer sorgsam konstruierten imaginären Welt und zerren das wahre Selbst der Zielperson in die Wirklichkeit wie ein schreiendes Baby aus dem Mutterleib. Aufgrund ihrer Konditionierung ist sie es nicht gewohnt, ihr wahres Selbst zu zeigen. Hierfür hat der Narzisst durch seine Manipulation gesorgt.

- **Entfremdung vom Selbst:** Ein Mensch im dissoziierten Zustand kann mit einer Wohnung verglichen werden, in der niemand zu Hause ist, um sich um sie zu kümmern. Emotionale Grundbedürfnisse werden vernachlässigt. Ängste können sich unkontrolliert ausbreiten. Die persönliche Entwicklung und das Wachstum sind gehemmt, da der Betroffene den Kontakt zu seinem wahren Selbst verloren hat und seine Wünsche und Sehnsüchte ignoriert. Diese „Abschottung" vom Selbst macht den dissoziierten Zustand zu einer sehr einsamen Erfahrung.

- **geschwächte Beziehungen:** Eine Freundschaft oder romantische Beziehung mit einem Menschen im dissoziierten Zustand aufzubauen gestaltet sich oft äußerst schwierig. Die Gründe hierfür liegen auf der Hand. Die Pflege einer Beziehung erfordert Engagement, Intimität, Integrität und Kraft. Einen Zustand der Dissoziation aufrechtzuerhalten erfordert hingegen eine rigide, klar geregelte Umgebung, in der keine unvorhergesehenen Herausforderungen entstehen dürfen, die das künstlich geschaffene System bedrohen könnten. Wie wir alle wissen, steckt jedoch das ganze Leben voller Herausforderungen. Das Gleiche gilt für zwischenmenschliche Beziehungen. Damit eine Beziehung sich gesund entwickeln kann, müssen beide Partner spüren können, dass ihr Gegenüber manchmal auch bereit ist, sich verletzlich zu zeigen. Beziehungen dissoziierter Menschen sind hingegen häufig eher von rigiden Rollenbildern und Verhaltensweisen geprägt als durch authentische Verbindungen und Flexibilität.

Das Leben einer dissoziierten Zielperson ist von ständiger Unsicherheit und Angst geprägt. Dieser Zustand wird so lange anhalten, bis sie sich ihrer Dissoziation bewusst wird und anfängt, sich ein sicheres, bestärkendes Umfeld zu schaffen, das es ihr erlaubt, ihr „Versteck" zu verlassen. Der Prozess, das Reich der Fantasie zu verlassen und sich der realen Welt zu stellen, kann sehr mühevoll und schmerzhaft sein. Nichtsdestotrotz handelt es sich um einen Weg, der gegangen werden *muss*, um sich ein Leben außerhalb des narzisstischen Regimes aufzubauen.

Verschiedene Faktoren sind erforderlich, um einen Zustand der Dissoziation erfolgreich zu verlassen. Hierzu gehören das Schaffen einer sicheren Umgebung, Resonanz von anderen Menschen in unserer Umgebung, das gezielte Auflösen unseres falschen

Selbst mit seinen unterwürfigen Verhaltensweisen, die verhindern sollen, dass der Narzisst uns verlässt, sowie die zunehmen-
de Integration des wahren Selbst in unser Ego, um selbstständig
zu werden und zu lernen, die Bedürfnisse unseres wahren Selbst
ernst zu nehmen. Dieser Prozess wird an späterer Stelle in
diesem Buch noch genauer untersucht und anhand von sieben
praktischen Übungen beschrieben. Zunächst aber sollten wir
genauer darauf eingehen, wie Gefühle und Erwartungen unsere
Beziehungen prägen.

Das Spiel

Wir können uns zwischenmenschliche Interaktion als eine Art Sport vorstellen, an dem jeder von uns teilnimmt. Jeder Teilnehmer setzt sich hierfür eine „Maske" auf. Diese ist das Resultat von bewussten Entscheidungen unsererseits, wie wir auf andere wirken wollen, aber auch von unbewussten Verhaltensweisen, mit denen wir auf die Erscheinungsbilder anderer reagieren. Wenn wir mit anderen in einen Austausch treten, schaffen wir durch das Hin und Her von Aktion und Reaktion eine situationsabhängige Struktur dafür, wie wir jetzt und zukünftig mit der entsprechenden Person in Beziehung treten. Wie in einer Sportart gibt es auch hierfür Regeln und Erwartungen. Hierzu gehören beispielsweise die formellen Anforderungen, die eine geschäftliche E-Mail zu erfüllen hat, die Art und Weise, in der wir einander begrüßen, oder die Gesprächsthemen, die in einer bestimmten gesellschaftlichen Situation als akzeptabel angesehen werden.

Grundsätzlich bestimmt die subjektiv von uns wahrgenommene „Stellung" oder der „Rang" unseres Gesprächspartners, wie genau wir mit ihm interagieren. Einem Arzt gegenüber drücken wir uns vermutlich gewählt und vorsichtig aus, da wir in gewisser Weise „zu ihm aufschauen" wie zu einem Orakel, von dem wir uns Weisheit und Antworten auf unsere Fragen und Probleme erhoffen. Der akademische Titel und das entsprechende Schild an der Praxistür bestimmen die „Verhaltensregeln" der Begegnung. Im Gegenzug erwarten wir von unserem Arzt, dass er sich professionell verhält und genau die Dienstleistung erbringt, die sein Titel uns verspricht.

Im gewählten Beispiel wird die Interaktion der beiden Beteiligten von einem gesellschaftlich weitgehend etablierten und stillschweigend akzeptierten Grundgerüst bestimmt. Der Umgang mit Vorgesetzten und Kollegen am Arbeitsplatz oder der mit einem Polizisten in Uniform sind weitere Beispiele für Situationen, in denen die Umgangsformen in gewissem Maße „vorherbestimmt" sind und nicht erst individuell ausgehandelt werden müssen. Natürlich ist es auch (oft sogar gerade) in derartigen Strukturen möglich, dass jemand seine Position missbraucht. Zumindest aber besteht eine Art allgemein akzeptiertes Grundgerüst, an dem sich das Verhalten der beteiligten Personen auszurichten hat.

In informellen, privaten Verhältnissen existiert hingegen keine vergleichbare Struktur. In diesen entscheiden wir uns „freiwillig", miteinander in Beziehung zu treten oder es sein zu lassen. Die Grenzen und „Leitplanken" für den Austausch sind weniger rigide von äußeren Umständen und Erwartungen festgelegt. Dieses „Spiel" privater Beziehungen wird von etwas bestimmt, das weitaus persönlicher ist und tiefer geht als gesellschaftliche Vorgaben: von unseren *Gefühlen*. Genau dieser Umstand macht uns in persönlichen Beziehungen auch so verletzbar. Die Beziehung ist das Spielfeld und unsere Emotionen bestimmen die Art und Weise, in der wir es spielen. Wenn jemand unsere Grenzen überschreitet, kann unsere Wut ihn darauf aufmerksam machen. Wenn wir das Gefühl haben, dass eine dritte Person eine Bedrohung für unsere Beziehung darstellt, kann uns unsere Eifersucht dazu bewegen, das Thema anzusprechen. Wenn wir jemandem Unrecht angetan oder ihn verletzt haben, fordern unsere Schuldgefühle uns dazu auf, Wiedergutmachung zu suchen.

Um auf diese Weise am Spiel zwischenmenschlicher Beziehungen teilnehmen zu können, müssen wir mit unseren Emotionen in Verbindung treten. Je emotionaler wir in eine andere Person „investiert" sind, umso eher werden wir ihr zuhören und sie uns. Unsere Gefühle bilden die Grundlage, auf der wir entscheiden, wie viel Zeit wir jemandem schenken und wir sehr wir einem anderen Menschen erlauben, uns zu beeinflussen. Sie ermöglichen uns, unseren Mitmenschen nicht nur als Objekt, sondern als menschliches Wesen wahrzunehmen, mit dem wir uns verbunden fühlen und dessen Wohlergehen uns am Herzen liegt. Eine Beziehung dieser Art spricht sowohl unseren Verstand als auch unser Herz an. Wir gewähren einem anderen Menschen Zugang zu unseren innersten Regionen. Wir lassen ihn an unser wahres Selbst heran, in den Bereich, der jenseits unseres praktisch denkenden Verstandes und hinter unserer sozialen Maske liegt. Während die Beziehung sich entwickelt, bauen wir ganz natürlich eine immer engere Bindung zu unserer Bezugsperson auf. Ein echter „Bund" entsteht und Gefühle sind die Kraft, die ihn zusammenhalten. Indem wir unser wahres Selbst für jemand anderen öffnen, eröffnen wir diesem Menschen zugleich die Möglichkeit, uns emotional zu beeinflussen – oder eben auch bewusst zu manipulieren. Das unausgesprochene Gesetz, das dieses Spiel bestimmt, ist die „goldene Regel": Behandle andere stets so, wie du selbst von ihnen behandelt werden möchtest. Als Mitglieder einer Gemeinschaft sind wir dazu angehalten, unsere Gefühlsregungen zu kontrollieren, die Grenzen anderer zu respektieren und die Menschen in unserer Umgebung nicht unnötig zu provozieren.

Auch Narzissten sind sich der Existenz der goldenen Regel durchaus bewusst. Ebenso begreifen sie, dass die meisten Menschen sich an diesen Grundsatz halten. Ein Narzisst benutzt jedoch die Annahme anderer, dass auch er sich an die „Spielregeln" hielte, bewusst als Deckmantel für sein manipulatives Verhalten. Anders als die meisten Menschen zögert er nicht, die goldene Regel bedenkenlos zu brechen, wann immer er sich davon einen Vorteil verspricht. Er weiß, welche Macht Emotionen in einer Beziehung haben. Er ist sich bewusst, dass sich andere für ihn öffnen werden, wenn er sie dazu bringen kann, ihn zu mögen. Er begreift, dass er andere gezielt mit Schamgefühlen überwältigen kann, indem er sie dazu bringt, sich klein und unbedeutend vorzukommen. Er weiß, dass er durch das Einnehmen einer Opferrolle bei seiner Zielperson Schuldgefühle auslösen kann, ebenso wie den inneren Drang, die Situation zu „heilen". Er hat erkannt, dass er sein Gegenüber nur in der richtigen Weise „spiegeln" muss, um seine Zuneigung zu gewinnen. Er hat gelernt, herzergreifende Geschichten zu erzählen, um Empathie herzurufen und sich beliebt zu machen. Er besitzt ein Gespür dafür, wie er seinen Charme einsetzen und seine Karten ausspielen muss, damit sich seine Zielperson mit ihm zunehmend verbunden fühlt. Der Narzisst kann sehr gut einschätzen, wie die Zielperson reagieren wird, wenn er diese Verbindung bewusst infrage stellt. Er weiß, wie überwältigend Gefühle sein können und welche entscheidende Rolle Emotionen im „Spiel" zwischenmenschlicher Beziehungen einnehmen. Nicht zuletzt weiß er, dass es letztendlich keine Rolle spielt, ob sein Verhalten und die Situationen, in die er Sie bringt, echt oder künstlich fabriziert sind. Der emotionale Reflex der Zielperson wird so oder so funktionieren.

Entscheidend ist an dieser Stelle die Erkenntnis, dass Narzissten in Beziehungen schlichtweg nicht so reagieren, wie wir selbst es tun. Sie verspüren weder Scham noch Schuldgefühle. Ihre Emotionen beeinflussen ihr Verhalten nicht so, wie sie es bei anderen Menschen tun. Dieses „Abkoppeln" erlaubt es einem Narzissten, keine Reue zu empfinden, während er die emotionalen „Schaltkreise" seiner Zielperson bombardiert, sie von der Wahrheit ablenkt, ihr Selbstwertgefühl untergräbt und sie dazu bringt, sich immer wieder überkritisch selbst zu hinterfragen. Narzissten sind äußerst versiert im Spiel menschlicher Beziehungen und überaus geschickt darin, andere zu beeinflussen. Ohne ein störendes Gewissen, das in der Lage wäre, ihr Verhalten im gesellschaftlich akzeptierten Rahmen zu halten, entwickeln sie sich zu erfahrenen Manipulatoren. Nur allzu gerne nehmen sie dabei auch Gelegenheiten wahr, die es ihnen erlauben, ihr manipulatives Verhalten mit existierenden gesellschaftlichen Strukturen zu kombinieren, um einen zusätzlichen Effekt zu erzielen. Sie wissen um die Macht, die ihnen politische Ämter verschaffen können. Sie blühen auf, wenn sie eine Vorgesetztenposition einnehmen können, die ihnen die Legitimation verschafft, anderen vorzuschreiben, was sie zu tun haben. Es ist kein Zufall, dass sich Narzissten überdurchschnittlich oft zu gesellschaftlichen Machtpositionen hingezogen fühlen. Selbst ohne derartige formelle Autorität verstehen sie sich darauf, den *Eindruck* zu erwecken, einen höheren Status als ihre Zielperson innezuhaben, um auf diese Weise das Gesetz der Grandiosität zu ihrem Vorteil zu nutzen. Der Narzisst ist ständig auf der Suche nach neuen Mitteln und Wegen, um eine künstliche Hierarchie zu schaffen, deren Bedingungen er selbst bestimmen und durchsetzen kann. Ihm selbst gebührt in einem solchen Konstrukt selbstverständlich die Spitzenposition. Scham ist dabei seine effektivste Waffe. Die Gefühle anderer sind für den Narzissten lediglich Werkzeuge. Das Spiel zwischenmenschlicher Beziehungen ist für ihn ein Wettbewerb, den er unbedingt gewinnen muss, ungeachtet aller Hindernisse, einschließlich der „goldenen Regel". Der Narzisst fokussiert sein Ziel mit der Entschlossenheit eines Raubtiers in freier Wildbahn, wohl wissend, dass das Spiel begonnen hat, und in der sicheren Überzeugung, dass er gewinnen wird.

Komm in mein Spinnennetz: Gedankenkontrolle für Anfänger

Wenn wir nicht selbst lernen, unseren Geist zu kontrollieren, wird es jemand anderes für uns tun.

- John Allston

Narzissten wollen ihre Zielperson jederzeit unter ihrer Kontrolle wissen. Um dies zu erreichen, muss es ihnen zuerst gelingen, die Zielperson in ihren Einflussbereich zu ziehen. Der Narzisst erreicht dies auf verschiedene Arten. Die häufigsten sind *sanktionierte Überlegenheit* und *Charme*.

Sanktionierte Überlegenheit

Handelt es sich beim Narzissten um ein Elternteil oder um jemanden in einer Management-Position, wird seine Aufgabe dadurch sehr viel einfacher. Kann er sich auf eine „natürliche" Machtposition berufen, wird er von der Zielperson oft als überlegen oder als eine Quelle von Struktur und Führung wahrgenommen. Für einen Narzissten ist es äußerst nützlich, auf eine solche Art sanktionierte Kontrolle über einen anderen Menschen zu haben. Es ist für ihn der einfachste Weg, um sich narzisstische Versorgung zu verschaffen. Viele Eltern kreieren, teilweise auch unwissentlich, eine solche Situation. Sie halten ihre Kinder in einem Käfig aus Schuld und Manipulation gefangen, um zu verhindern, dass diese sich zu weit von ihnen entfernen können. Hierbei ist es wichtig, zu betonen: Nicht alle Eltern, die sich so verhalten, leiden unter einer narzisstischen Persönlichkeitsstörung. Die Tendenz zu derartigen Verhaltensweisen ist jedoch eindeutig narzisstisch.

Um seine sanktionierte Machtposition noch weiter auszubauen, stellt der Narzisst oft seine Dominanz zur Schau, indem er andere beschämt, sich über sie lustig macht und offen schamlos handelt. Diese Strategie dient dazu, die Aura des Narzissten als jemanden, der einen „höheren Status" innehat, noch zu verstärken. Indem er sicherstellt, dass die Zielperson permanent von Schamgefühlen überwältigt wird, macht er sie sich immer gefügiger. Wie bereits erwähnt, fungieren Schamgefühle in diesem Fall als ausgleichender Faktor zwischen dem Narzissten und der Zielperson, indem sie Letztere dazu bringen, sich so zu verhalten, wie ihr Umfeld (in diesem Fall der Narzisst) es von ihr erwartet.

Bleiben wir für einen Augenblick bei dem Verhältnis zwischen Kind und Elternteil. Am Anfang ist es ganz normal, dass Kinder ihre Eltern als „gottgleich" ansehen. In einer Eltern-Kind-Beziehung, in der die Eltern gesunde Scham zulassen und auch selbst zeigen, wird ein Kind seine „göttliche" Wahrnehmung der Eltern nach und nach korrigieren. Irgendwann wird es sie so wahrnehmen, wie sie sind: als menschliche Wesen mit Fehlern und mit Schwächen. Handelt es sich bei einem Elternteil jedoch um einen Narzissten, wird diese natürliche Entwicklung gehemmt. Die Schamlosigkeit und Grandiosität des Elternteils, kombiniert mit der Formbarkeit des Kindes, bilden ein gefährliches Gemisch. Unsere Gesellschaft und Kultur tragen ihr Übriges dazu bei, indem sie es zum Tabu erklären, die Person, die uns in diese Welt gebracht hat, zu hinterfragen. Dies alles kann dazu führen, dass jeder Ansatz, die eigenen Eltern oder die eigene Familie in einem kritischen Licht zu betrachten, intensive Schuldgefühle hervorruft.

Ähnlich schwierig kann es sein, zu bemerken, wenn sich ein Vorgesetzter auf der Arbeit bei Ihnen für seine narzisstische Versorgung bedient. Schließlich *erwarten* wir, Anweisungen von Menschen zu erhalten, die in der Hierarchie am Arbeitsplatz „über uns" stehen. Nicht das Arbeitsverhältnis an sich ist hierbei der Maßstab für Narzissmus. Dieser entsteht vielmehr aus der *Einstellung* unseres Vorgesetzten gegenüber seinen Angestellten und aus seinem *Umgang* mit ihnen. Für einen Narzissten sind Angestellte lediglich Objekte, die zu tun haben, was ihnen gesagt wird, und die ihm narzisstische Versorgung verschaffen. Ein Vorgesetzter mit gesunder Scham ist sich hingegen bewusst, dass ein Angestellter ein Mensch mit gewissen unveräußerlichen Rechten ist, der gegen Lohn einwilligt, eine bestimmte Rolle in einem Arbeitsverhältnis einzunehmen.

Ein narzisstischer Vorgesetzter setzt häufig folgende Verhaltensweisen ein:

- Er erwartet, dass seine Angestellten Überstunden leisten und schenkt den Auswirkungen auf ihre Stressbelastung und auf ihr allgemeines Wohlbefinden keinerlei Beachtung.
- Er macht seine Angestellten nieder und attackiert gezielt ihre Schwächen und Unsicherheiten.
- Er verwischt bewusst die Grenzen der vertraglichen Verpflichtungen seiner Angestellten und manipuliert sie, um ihnen Mehrarbeiten abzuverlangen.
- Er beharrt auf „Einbahnstraßen-Kommunikation" und erlaubt es seinen Angestellten nicht, ihn oder seine Agenda zu hinterfragen.
- Er greift seine Angestellten verbal und persönlich an.
- Er kreiert Drama und Verwirrung in der Kommunikation mit seinen Angestellten.

Ein Vorgesetzter mit einem gesunden Sinn für Scham wird hingegen:

- auf eine hohe Arbeitsleistung seiner Angestellten achten, jedoch dabei auch ihre Zufriedenheit und ihr Wohlbefinden im Auge behalten,
- ein professionelles Arbeitsverhältnis zwischen Vorgesetztem und Angestelltem kreieren, das die Grundrechte der Angestellten respektiert,
- sich von Angestellten Feedback einholen und sich selbst in die Verantwortung nehmen, um sicherzustellen, dass das Arbeitsverhältnis gesund ist,

- das Recht der Angestellten auf persönliche Grenzen respektieren.

Zusammengefasst lässt sich feststellen, dass eine „natürliche" Position der Überlegenheit, vermischt mit einer schamlosen Einstellung, eine wirkungsvolle Kombination ergibt, insbesondere gegenüber Menschen, die an das Leben unter einem narzisstischen Regime bereits gewöhnt sind.

Charme

Charme ist ein weiteres nützliches Mittel, das ein Narzisst einsetzen kann, um in Verhältnissen ohne formelle Machthierarchien eine Zielperson in seine Einflusssphäre zu locken.

Indem er seinen Charme einsetzt, kommuniziert der Narzisst gegenüber seiner Zielperson zwei Dinge: *Ich mag dich* und *Ich bin genauso wie du*. Für gewöhnlich, wenn wir einem Fremden eben erst begegnet sind, wird dieser ein gesundes Maß an Skepsis uns gegenüber an den Tag legen. Es dauert eine Weile, Vertrauen zwischen zwei völlig fremden Menschen aufzubauen. Bestehen zwischen beiden ausreichende Gemeinsamkeiten, kann auf dieser Grundlage eine tiefere Verbindung entstehen. Das Vertrauensverhältnis wächst in einem solchen Fall schrittweise und kontinuierlich. Oft ist irgendwann ein Punkt erreicht, an dem die entdeckten Gemeinsamkeiten nicht mehr ausreichen, um das Verhältnis mit Leben zu füllen. Die Beziehung stagniert entweder oder sie verkümmert.

Im Gegensatz zu einer solchen gewöhnlichen Entwicklung eskaliert eine Beziehung mit einem Narzissten oft „von 0 auf 100". Der Narzisst bemüht sich, Ihnen zu zeigen, dass ihm ein großer Teil der Dinge, die Ihnen wichtig sind, ebenfalls am Herzen liegt. Er bringt sich aktiv in Gespräche ein und ist zuvorkommend darin, Ihnen kleine Gefallen zu tun, um die Sie nie gebeten haben. Er schafft es, dass Ihnen alle Ihre übrigen Beziehungen gegenüber derjenigen, die er für Sie kreiert, schal und langweilig vorkommen. Je empfänglicher Sie für Charme sind, umso wahrscheinlicher wird der Narzisst diesen als Mittel einsetzen.

Folgende Anzeichen können darauf hinweisen, dass ein Narzisst Ihnen gegenüber seinen Charme einsetzt:

- Er sagt Ihnen schon sehr früh, nachdem Sie ihn getroffen haben, dass er Sie mag.
- Er hält intensiven, unnachgiebigen Blickkontakt aufrecht.
- Er verhält sich umgänglich und nett, kann jedoch ebenso plötzlich seine Aufmerksamkeit auf etwas völlig anderes richten und so tun, als würden Sie überhaupt nicht existieren.
- In Gesprächen mit ihm erscheint es oft, als teile er einen Großteil Ihrer Interessen. Praktische Belege hierfür gibt es jedoch keine.
- Er schenkt Ihnen seine ungeteilte Aufmerksamkeit und kontaktiert Sie ständig (auch bekannt als *„Love Bombing"*).

Oft sendet Ihnen Ihr Bauchgefühl erste Warnsignale, wenn ein Narzisst Ihnen gegenüber seinen Charme spielen lässt. Die Behandlung fühlt sich oberflächlich gut an, hat zugleich jedoch auch etwas Verstörendes an sich. Das Ganze fühlt sich irgendwie „mechanisch" an, ein wenig wie bei einem Roboter, der menschliche Emotionen imitiert. Der Grund dafür ist einfach: Ihr Bauchgefühl hat recht. Für den Narzissten sind die beschriebenen Verhaltensweisen tatsächlich wie ein Programm, das er abspielt, um damit eine bestimmte Wirkung zu erzielen. Sie sind nicht „real" im Sinne eines wirklich empfundenen Gefühls. Beispielsweise wird sich ein Mensch mit gesunder Scham und guten Absichten bei zu viel intensivem Blickkontakt irgendwann unwohl fühlen. Er wird kein Interesse an Ihnen entwickeln, solange es nicht gute Gründe dafür gibt. Und er wird auch in der Lage sein, überzeugend darzulegen, dass er *wirklich* Ihre Interessen teilt.

Bei einer narzisstisch „vorbelasteten" Zielperson kann der Umstand, dass sie sich gerade zwischen Beziehungen befindet oder „Liebeshunger" verspürt, dafür sorgen, dass ihr jede Art von Aufmerksamkeit willkommen ist. Es kann ihr so erscheinen, als hätte sie gar keine andere Wahl, als sich zum Narzissten hingezogen zu fühlen; seine Anziehungskraft erscheint magnetisch und beinahe unwiderstehlich. Auch wenn sich die Beziehung tief in ihrem Inneren falsch anfühlt, kann die Sehnsucht nach Aufmerksamkeit und Akzeptanz so stark werden, dass das Bauchgefühl „kurzgeschlossen" wird. Diese Anfangsphase einer Beziehung ist für den Erfolg des Narzissten von entscheidender Bedeutung. Gelingt es ihm, in kurzer Zeit ein enges Verhältnis aufzubauen und die Zielperson dazu zu bringen, in die Beziehung zu investieren, wird seine anschließende Manipulation sehr viel einfacher. Haben wir erst einmal beschlossen, dass wir einen anderen Menschen mögen, sind wir viel eher geneigt, ihm zuzustimmen und über unpassende Verhaltensweisen hinwegzusehen.

Der Narzisst wird seinen Charme solange aufrechterhalten, bis er eines (oder beide) der folgenden Ziele erreicht hat:

- **Er hat die Zielperson komplett für sich gewonnen:** Hat der Narzisst die Zielperson dazu gebracht, sich komplett in die Beziehung mit ihm einzubringen und zu investieren, kann er seinen Charme „abschalten". Schließlich ist die Zielperson bereits komplett „entwaffnet" und hat jegliche Skepsis ihm gegenüber aufgegeben. Bemerkt er irgendwann, dass seine Kontrolle über die Zielperson nachzulassen droht, kann er seinen Charme jederzeit wieder „einschalten".

- **Die Zielperson hat für den Narzissten keinen „Nutzen" mehr:** Der Wechsel zwischen diesem Zustand und dem oben beschriebenen kann wie ein ständiger Kreislauf sein. Erst setzt der Narzisst seinen Charme ein, um die Zuneigung der Zielperson zu gewinnen und von ihr zu bekommen, was er will (eine Stärkung seines Egos, einen Gefallen, Gesellschaft). Anschließend schaltet er den Charme unversehens wieder ab. Dasselbe kann auch in romantischen Beziehungen passieren, indem der Narzisst sich beispielsweise immer distanzierter und geheimnistuerischer verhält oder die Beziehung ohne jede Vorwarnung verlässt.

Hierin liegt der „Schlüssel", um zu bemerken, ob ein Narzisst Ihnen gegenüber seinen Charme einsetzt. Ein normaler Mensch wird in seinem Verhalten Ihnen gegenüber eine gewisse Konsistenz aufweisen. Entweder er mag Sie und möchte die Beziehung mit Ihnen vertiefen oder er will nichts von Ihnen wissen. Ein Narzisst hingegen schaltet diese scheinbar gegensätzlichen Verhaltensweisen einfach „ein" und „aus". Überschwängliches, enthusiastisch vorgetragenes Lob wechselt sich mit völliger Funkstille ab. Reagiert die Zielperson auf den Kommunikationsabbruch, indem sie anfängt, sich vom Narzissten zu lösen, oder braucht der Narzisst ganz einfach frische Versorgung, kehrt sein Charme plötzlich wieder mit voller Kraft zurück. Dieses „Karussell" kann sowohl in einer romantischen Beziehung als auch in einer Bekanntschaft oder Freundschaft vorkommen. Alles hängt davon ab, was der Narzisst zu einem bestimmten Zeitpunkt möchte oder braucht. Selbstverständlich kann es auch in einer normalen Beziehung vorkommen, dass einer der Beteiligten die Notwendigkeit verspürt, sich für eine Weile „abzukoppeln" oder zurückzuziehen. Jedoch sind in solchen Fällen nachvollziehbare Gründe wie etwa Stress oder ein Gefühl der Überforderung zu erkennen. Entweder sind die Gründe für beide Beteiligten in der Beziehung offensichtlich oder aber derjenige, der sich zurückzieht, macht sich die Mühe, dem Partner oder der Partnerin sein Verhalten zu erklären. Oft wird die Beziehung in einem solchen Fall für eine Weile auf einem „niedrigeren Level" fortgeführt, anstatt einfach zu verschwinden. Bei einem Narzissten sieht die Sache anders aus. Hier erfolgt das „Abschalten" schnell und plötzlich, ohne jegliche Erklärung und ohne jedes Warnsignal. Der Abbruch erfolgt außerdem so tiefgehend und radikal, dass es der Zielperson erscheinen kann, als hätte all die Wärme, die sie vor Kurzem noch in der Beziehung spüren konnte, niemals existiert. Der Narzisst antwortet „aus dem Nichts" nicht mehr auf Textnachrichten oder starrt bei Treffen nur noch durch die Zielperson hindurch, mit glasigem, entrücktem Blick, so als würde sie nicht existieren.

Indem der Narzisst auf diese Weise sanktionierte Überlegenheit oder Charme einsetzt, kann er die Zielperson in seine Einflusssphäre ziehen. Sein nächster Schritt besteht darin, die gewonnene Kontrolle zu verfestigten. Dies erreicht er, indem er die Identität der Zielperson „zerlegt", sie nach seinen eigenen Vorstellungen neu zusammensetzt und die Realitätswahrnehmung der Zielperson „umprogrammiert".

Ihre Realitätswahrnehmung kapern

Angenommen, jemand bemerkt einen dunklen Fleck auf Ihrer Haut und teilt Ihnen mit einem Ausdruck der Bestürzung mit, dass Sie schwer krank sind und sofort in ein Krankenhaus müssen. Würden Sie ihm glauben? Wahrscheinlich nicht. Schließlich wissen Sie, dass der Fleck aller Wahrscheinlichkeit nach ein Muttermal ist, das, solange es braun und nicht zu dunkel ist, vermutlich völlig harmlos ist. Statt der Einschätzung eines anderen vertrauen Sie zuerst einmal auf Ihre eigene Fähigkeit, die Realität zu lesen und zu interpretieren.

Was wäre, wenn jemand Ihnen erzählt, Sie hätten etwas in Ihren Haaren? Würden Sie ihm glauben? Wahrscheinlich schon. Die Wahrscheinlichkeit ist schließlich nicht gering, dass er recht hat. Trotzdem können Sie mit einer kurzen Bewegung Ihrer Hände oder mit der Hilfe eines Spiegels sehr leicht feststellen, ob seine Behauptung wahr ist.

Was aber wäre, wenn jemand Ihnen etwas erzählt, das sich *nicht* so schnell und einfach überprüfen lässt? Etwas, dessen Wahrheitsgehalt eine Sache der Perspektive und der Auslegung ist? Vielleicht, dass Ihre Haare heute irgendwie komisch aussehen? Dass Sie ständig ein Gesicht machen, als wären Sie schlecht gelaunt? Dass es nicht allzu viele Leute gibt, die Sie wirklich mögen? Dass Sie sich seltsam kleiden oder sich oft ziemlich rücksichtslos verhalten?

Ein Mensch, der sich an die goldene Regel hält und der daher über einen gewissen moralischen Kompass verfügt, wird mit derartigen Bemerkungen vorsichtig sein. Ein solcher Mensch weiß um die Macht der Worte und wird sich gut überlegen, welche Aussagen, Kommentare und Urteile er gegenüber anderen von sich gibt. Bevor er etwas ausspricht, wird er den Wahrheitsgehalt seiner Worte überprüfen und abwägen, welche Wirkung seine Aussage auf andere Menschen haben könnte. Ein Narzisst hingegen macht ohne zu zögern Bemerkungen und verletzende Äußerungen, die sich bewusst gegen die Unsicherheiten und wunden Punkte anderer Menschen richten. Er betrachtet seine Urteile nicht als Meinungen, sondern als unumstößliche Wahrheiten.

Oft ist es nicht einmal das, *was* wir sagen, sondern die Art, *wie* wir es sagen, das die größte Wirkung erzielt. Ein Narzisst bringt seine Aussagen mit einer derartigen Leidenschaft und Überzeugung hervor, dass der Empfänger instinktiv geneigt ist, ihm zu glauben. Der Narzisst verlässt sich dabei auf seine Überzeugungskraft und auf die Schwäche seiner Zielperson, um seine eigene Agenda durchzusetzen.

Während ein Narzisst sich darum bemüht, mit seinem Charme Ihr Herz zu erobern, hält er permanent nach Schwächen und Unsicherheiten Ausschau, die er verwenden kann, um in Ihren Kopf zu gelangen. Die Wurzeln Ihrer tiefsten Unsicherheiten reichen oft bis in Ihre Kindheit zurück. Spricht jemand diese Punkte an, besonders jemand, der Ihnen nahesteht, öffnen sich nicht selten alte Wunden, was Ihre Verletzlichkeit erhöht. Augenscheinlich unschuldige Kommentare können Gefühlsregungen in Ihnen auslösen und kleine „Risse" entstehen lassen, die es dem Narzissten ermöglichen, in die empfindlichsten Bereiche Ihres Innersten vorzudringen.

Subjektive, unsachliche Kommentare wie die oben genannten sind eine wirksame Waffe im Kampf um Ihren Verstand. Das

Ziel des Narzissten besteht darin, durch ständige Nadelstiche Ihre Realitätswahrnehmung zu erschüttern, zu zerlegen und schließlich eine neue zu erschaffen, in der Sie nur noch eine Schachfigur in seinem Spiel sind.

Der Prozess, mit dem der Narzisst versucht, Ihre Realitätswahrnehmung zu kapern, umfasst drei Schritte:

1. Er zerlegt Ihre Identität: Der Narzisst hinterfragt die Art, in der Sie die Bücher auf einem Regalbrett angeordnet haben, oder sagt Ihnen, dass Ihre neue Frisur irgendwie komisch aussieht. Er merkt an, dass Sie in letzter Zeit zugenommen haben. Dass Sie nicht genügend Zeit mit ihm verbringen und dass sogar seine Ex-Freundin, die er sonst immer als selbstsüchtig und inkompetent beschreibt, ihm mehr Zeit gewidmet hat, als Sie es tun. Er kommentiert, dass Ihre Freunde unhöflich und arrogant sind. Dass Sie selbst zu emotional oder zu emotional distanziert sind. Dass Sie sich stärker auf Ihre Karriere konzentrieren und mehr Geld verdienen sollten. Dass Sie egozentrisch sind und sich nicht genug um die Gefühle anderer Menschen kümmern. Es sind solche subtilen und oft unfundierten Meinungsäußerungen und Bemerkungen, die einen Menschen zermürben und ihm das Gefühl vermitteln können, im Vergleich mit dem Narzissten inkompetent zu sein. Sämtliche Kommentare zielen darauf ab, Sie dazu zu bringen, sich selbst und Ihre Wahrnehmung der Realität zu hinterfragen. Es ist nicht ungewöhnlich, sich noch Tage nach einem Gespräch mit einem Narzissten beschämt und wertlos vorzukommen. Man fängt an, sich zu fragen: Werde ich wirklich langsam dick? Bin ich wirklich zu sehr auf mich selbst fokussiert? Es ist nur eine Frage der Zeit, bis diese anhaltenden, subtilen Attacken Ihre Verteidigung zermürben und zu Ihnen durchdringen.

2. Er flößt Ihnen eine neue Identität ein: Während der Narzisst Ihr Selbstwertgefühl und Ihre Identität zerlegt, kann sich Scham in Ihrem Inneren ungehindert ausbreiten. Je mehr Sie sich von Scham „überschwemmt" fühlen, umso eindringlicher werden Sie versuchen, sich in der Sicht des Narzissten zu rehabilitieren und ihm Ihren Wert zu beweisen. Diese Öffnung und Verwundbarkeit ermöglichen es wiederum dem Narzissten, Ihnen eine neue Identität einzuflößen, die sich selbstverständlich danach richten wird, welche Identität für *ihn* am nützlichsten ist. Indem er Ihnen sagt, Sie seien zu emotional, oder Ihnen abschätzige Blicke zuwirft, sobald Sie Ihre Gefühle zum Ausdruck bringen, bringt er Sie dazu, sich anzupassen und in Zukunft weniger Emotionen zu zeigen. Dies wiederum dient dem Ziel, Ihre Möglichkeiten zum Selbstausdruck in der Beziehung einzuschränken. Indem der Narzisst Ihnen einredet, Sie seien egozentrisch, bringt er Sie dazu, den von ihm vorgegebenen, falschen Standard durch „Überkompensation" erfüllen zu wollen, indem Sie ihm mehr und mehr von Ihrer Aufmerksamkeit widmen. Indem er sich über Ihren Kleidungsstil lustig macht, hält er Sie davon ab, Ihre Individualität zum Ausdruck zu bringen, und bringt Sie dazu, sich noch tiefer in sein Netz zu verstricken. Dies kann so weit gehen, dass Sie sich irgendwann nur noch so kleiden, wie er es Ihnen vorschreibt. Indem er sich ständig über Ihre Familie und Ihre Freunde lustig macht oder beschwert, sorgt er dafür, dass Sie all Ihre anderen Beziehungen infrage stellen, bis Sie sich langsam, aber sicher von den anderen Menschen in Ihrem Leben distanzieren und dafür mehr in Ihre Beziehung mit *ihm* investieren. Der Narzisst will verhindern, dass Sie auf ein Netzwerk aus verlässlichen Unterstützern zurückgreifen können. Er will, dass Sie sich ganz auf *ihn* verlassen, sodass Sie komplett unter seiner Kontrolle stehen.

3. Er setzt eine Strategie von Belohnungen und Strafen ein, um die neue Identität zu verfestigen: Solange Sie sich so verhalten, wie es der Narzisst von Ihnen erwartet, belohnt er Sie mit Komplimenten, Aufmerksamkeit oder Sex. Zeigen sich hingegen Spuren Ihrer ursprünglichen Identität oder verhalten Sie sich anders, als er es von Ihnen erwartet, bestraft er Sie durch verbale Attacken, Angriffe auf Ihre Identität, Ausdrücke seines Missfallens, Spott, Beschämungen oder indem er Ihnen die kalte Schulter zeigt.

Der Narzisst lässt Sie an Dinge glauben, die schlicht und einfach nicht wahr sind. Er zerlegt Ihre Wahrnehmung der Realität und ersetzt sie durch eine neue, die seinen Zwecken dient. Sobald Sie sein verzerrtes Weltbild für sich übernommen haben, geht Ihnen jegliches Gefühl dafür verloren, was Sie empfinden oder wie Sie sich verhalten sollen. Die künstlich geschaffene Illusion des Narzissten wird Ihre neue Wirklichkeit. Er hat Ihre Wahrnehmung gekapert und ist „in Ihrem Kopf". Das Einzige, was Sie noch wissen, ist, dass Sie ständig alles falsch machen, während der Narzisst immer alles weiß und immer alles richtig macht. Irgendwann akzeptieren Sie, dass der Narzisst einfach kompetenter und mächtiger ist als Sie. Ihr Selbstwertgefühl sinkt immer weiter. Ihre neue Identität als Untergebener übernimmt das Ruder.

Verstehen Sie Ihre Hindernisse

Wenn du versuchst, etwas zu erreichen, wird es Hindernisse geben. Ich hatte sie. Jeder hatte sie. Aber Hindernisse müssen nichts sein, das dich aufhält. Wenn du auf eine Wand stößt, kehr nicht einfach um und gib auf. Finde heraus, wie du sie besteigen, durchbrechen oder umgehen kannst.

- Michael Jordan

Sie verfügen nun über ein Grundverständnis von Grandiosität und Scham und davon, wie beides Sie an einen Narzissten fesseln kann. Sie haben die zerstörerischen Effekte toxischer Scham kennengelernt. Sie wissen, wie der Narzisst ein falsches Selbst einsetzt, um sich Kontrolle zu verschaffen und emotionale Distanz aufrechtzuerhalten. Sie durchschauen, wie die Grundregeln zwischenmenschlicher Beziehungen vom Narzissten manipuliert und gebrochen werden, und Sie haben einen Einblick bekommen, wie seine „Kopfspielchen" bis hin zur Gedankenkontrolle funktionieren. Sie sind heiß darauf, loszulegen und etwas zu ändern. Doch bevor Sie sich in den Kampf stürzen, müssen Sie wissen, welche Herausforderungen Sie auf dem Weg erwarten.

Hindernis eins: Verstrickung

Solange Sie in das Spiel eines Narzissten verstrickt sind und von ihm in einem unterwürfigen Zustand gehalten werden, ist Ihre Selbstwahrnehmung von ihm abhängig. Ohne die Möglichkeit, eine starke, *individuelle* Identität zu entwickeln, sind Ihre Willenskraft und Ihr Selbstwertgefühl permanent bedroht. Dies macht es für Sie schwierig, in Ihrem eigenen besten Interesse zu handeln.

Auch wenn Sie keine Schuld daran tragen, dass Sie sich in einem solchen Zustand befinden, bleiben Sie auf diese Weise doch weiterhin ein Teil des Problems. Ein Kampf wird in Ihrem Inneren wüten. Da jemand anderes Ihre Selbstwahrnehmung kontrolliert und Ihre innere Stärke permanent gefährdet ist, ist auch Ihre Willenskraft geschwächt.

Solange Sie sich in einem solchen Zustand der Verwicklung befinden, wird Ihre psychologische Verfassung gegen Sie arbeiten. Sie wird dagegen ankämpfen, wenn Sie sich ändern wollen, und im schlimmsten Fall dafür sorgen, dass Sie immer wieder in dieselben schädlichen Dynamiken verfallen. Wie bei einem Fisch, der nur die Umgebung des Wassers kennt, kann es schwierig sein, sich überhaupt vorzustellen, wie ein Leben außerhalb der hypnotischen Anziehungskraft eines Narzissten funktioniert. Es erfordert Wachsamkeit, bewusste Anstrengung und Mut, das Blatt zu Ihren Gunsten zu wenden.

Hindernis zwei: Der psychologische Käfig

Das narzisstische Regime reduziert die Realität der Zielperson darauf, eine ganz bestimmte Rolle zu spielen. Je länger die Zielperson unter dem Regime lebt, umso mehr gewöhnt sie sich an diese Rolle und internalisiert sie. Unser Verstand ist dafür ausgelegt, die Beschaffenheit unserer Umgebung aufzunehmen und sich an sie anzupassen. Insofern wird die Realität, die der Narzisst kreiert, irgendwann die Realität der Zielperson. Letztendlich handelt es sich bei dieser künstlich geschaffenen „Wirklichkeit" um einen Käfig, in dem der Narzisst die Zielperson gefangen hält. Die Internalisierung dieser Rollenstruktur durch die Zielperson verwandelt die Struktur in einen *psychologischen* Käfig. Die Zielperson lebt ihr Leben fortan in dem Glauben, dass es bestimmte Grenzen gibt, die sie nicht überschreiten darf oder kann. Das Perfide ist: Selbst wenn es einer Zielperson gelingt, physisch aus einem System narzisstischer Ausnutzung zu entkommen, trägt sie den Käfig häufig psychologisch weiter mit sich herum und bleibt so in ihm gefangen.

Den Käfig zu verlassen ruft Sorgen und Angstgefühle hervor. Die Zielperson ist so sehr daran gewöhnt, nach den Regeln der vom Narzissten geschaffenen „Institution" zu leben, dass sie nach und nach verlernt hat, eigenständig zu denken und zu handeln. Es ist entscheidend, sich dieses Umstands bewusst zu sein, da er wirken kann, ohne wahrgenommen zu werden. Ist es Ihnen unangenehm, neue Dinge auszuprobieren? Halten Sie oft lieber „die Füße still", weil Sie sich Sorgen machen, was andere sonst von Ihnen denken könnten? Löst es Angst in Ihnen aus, wenn jemand Ihnen Verantwortung übertragen möchte? Erschreckt Sie der Gedanke an das Unbekannte? Alle dieser Symptome können auf den psychologischen Käfig „in Aktion" hindeuten. Das Konstrukt ist überaus real, genauso wie die Angstgefühle, die es auslöst, wenn irgendetwas es bedroht.

Hindernis drei: Hunger nach Liebe und Anerkennung

Im Kern unseres Seins gibt es ein angeborenes, unersättliches Bedürfnis danach, gesehen, gehört, respektiert und verstanden zu werden. Falls Sie von einem Narzissten großgezogen wurden oder viel Zeit in der Gegenwart von Narzissten verbracht haben, ist Ihnen die Erfüllung dieser Bedürfnisse höchstwahrscheinlich verwehrt geblieben, sodass Sie möglicherweise eine Sehnsucht, einen regelrechten „Hunger" nach Liebe und nach Anerkennung verspüren. Selbst wenn es Ihnen gelungen sein sollte, sich physisch aus einer narzisstischen Beziehung zu befreien, erfordert es sorgfältige und bewusste Anstrengung, das beschriebene Bedürfnis zu befriedigen und ein emotionales Equilibrium wiederherzustellen. Der „Hunger" kann nicht einfach abgeschaltet werden. Narzissten bemerken ihn bereits aus weiter Ferne und verwenden ihn gezielt, um Sie zu manipulieren. Ihr Bedürfnis fungiert wie eine Anziehungskraft, die gegen Ihren Willen wirksam ist und die Ihre Entscheidungsfähigkeit trübt, was dazu führen kann, dass Sie unwillentlich falsche Entscheidungen treffen.

Hindernis vier: Niedrige Schamtoleranz

Um gut zu leben, ist es unerlässlich, über eine gewisse Toleranz für Scham zu verfügen. Wenn eine Zielperson in einem Zustand der Dissoziation von ihrem wahren Selbst lebt, ist sie auch von ihren Schamgefühlen abgekoppelt und verlernt dadurch, gesund mit ihnen umzugehen. Das Problem besteht darin, dass sie jedes Mal, wenn sie an ihre Grenzen stößt oder einen Fehler macht, derart intensive Scham verspüren wird, dass sie sich gezwungen sieht, sich noch stärker zu dissoziieren und sich noch tiefer in ihre eigene Vorstellungswelt zurückzuziehen. Anstatt Scham als einen hilfreichen Gegendruck anzusehen, der hilfreiche Rückmeldung gibt, wenn sie an ihre Grenzen stößt, wird Scham für sie zu einem furcherregenden Monster, mit dem eine Begegnung um jeden Preis vermieden werden muss. Das Problem ist: Sie können sich nur dann zum Positiven verändern und Wachstum erleben, wenn Sie mit Ihrer Scham in Verbindung bleiben und lernen, sie zu ertragen. Für Ihre persönliche Entwicklung ist es entscheidend, dass Sie aktiv am Leben teilnehmen, sich selbst erlauben, Fehler zu machen, und Ihren Kurs auf dieser Grundlage kontinuierlich anpassen. Solange Sie sich dagegen sträuben oder nicht in der Lage sind, Ihre Schamgefühle mit einer gewissen Distanziertheit zu betrachten, sie zu untersuchen und aus ihnen zu lernen, wird es Ihnen sehr schwerfallen, Narzissmus in Ihrem Leben zu überwinden.

Hindernis fünf: Angst

Das Leben unter einem narzisstischen Regime schränkt Ihre Freiheit und Unabhängigkeit sehr stark ein. Während Scham, Gedankenkontrolle und eine geschwächte Selbstachtung eine Rolle spielen, ist es meistens die Angst vor der Freiheit, die eine Zielperson davon abhält, das System der Unterdrückung *endgültig* hinter sich zu lassen. Aufgrund ihrer geschwächten Willenskraft und der ständigen Attacken, die sie in eine unterwürfige Rolle drängen, hält sich die Zielperson oft für zu unfähig, um den Schritt in ein wirklich eigenständiges Leben zu wagen. Selbst wenn ihr bewusst geworden ist, dass ihre gegenwärtige Situation von ständigen Herabwürdigungen und von Missbrauch geprägt ist, überwiegen die Angst vor dem Unbekannten und die Furcht davor, den Anforderungen eines selbstbestimmten, eigenverantwortlichen und dynamischen Lebens nicht gewachsen zu sein. Die Zielperson glaubt ganz einfach nicht daran, dass sie in der Lage ist, sich selbst zu führen.

Der Narzisst setzt diese Angst gezielt für seine Psychospielchen ein. Er benutzt die Furcht der Zielperson, um sie sich gefügig zu machen. Er weiß genau, welche Fäden er ziehen muss, um Ihnen die Illusion zu vermitteln, dass nur er den „Schlüssel" zu einer sicheren Zukunft in der Hand hält. Teilen Sie ihm beispielsweise mit, dass Sie unzufrieden mit Ihrer Beziehung zu ihm sind, kann es vorkommen, dass er Ihnen als Reaktion eine 24-Stunden-Frist setzt, um sich zu entscheiden, ob Sie mit ihm zusammen sein wollen oder nicht, bevor *er* die Beziehung beendet. Was als vorsichtiges Bedenken begonnen hat, ist mit einem Mal ein Ultimatum. Die Zielperson wird auf diese Art mit einem Gefühl der Machtlosigkeit überschwemmt und kann sich vor Angst wie gelähmt vorkommen.

Hindernis sechs: Schuld

Schuld kann die Gestalt eines permanenten, nagenden Gefühls annehmen, das 24 Stunden am Tag an Ihnen knabbert. Sie kann sich anfühlen wie ein Schlag in die Magengrube, wann immer Sie irgendetwas Bestimmtes tun, sagen oder auch nur denken. Schuld ist ein Nebenprodukt eines Lebens unter einem narzisstischen Regime. Sobald Sie einmal nicht so handeln, wie der Narzisst es von Ihnen erwartet, erinnert er Sie an all die „Opfer", die er für Sie gebracht hat, auch wenn Sie diese nie von ihm verlangt haben. Wenn er Sie zum Abendessen einlädt und Sie ihm mitteilen, dass Sie es zeitlich nicht schaffen können, aber höflich nachfragen, wer denn sonst noch eingeladen ist, erhalten Sie eine Antwort wie: „Na, du schon mal nicht, das wissen wir ja jetzt". Der implizite Vorwurf sorgt dafür, dass Sie selbst anfangen, sich zu fragen, ob Sie ihm gegenüber wirklich loyal genug sind. Das rigide Korsett seiner Erwartungshaltung an Sie sorgt dafür, dass es überall „Kollisionspunkte" gibt, an denen Sie mit Ihrem Verhalten „anecken", was wiederum in Ihrem Inneren zu Schuldgefühlen führt. Hierdurch kann bei Ihnen leicht der Eindruck entstehen, dass Sie ihn *ständig* enttäuschen und im Stich lassen. Wenn er Sie immer wieder in Situationen bringt, in denen Sie sich schuldig fühlen, entwickeln Sie irgendwann ein durchgängiges, „gewohnheitsmäßiges" Schuldgefühl. Dieses kann zu einer Art von emotionaler Grundeinstellung werden, die Sie bei allen Ihren Entscheidungen begleitet.

Hindernis sieben: Sucht nach Schamlosigkeit

Eine der frustrierenden Auswirkungen davon, im Schatten eines Narzissten zu leben, liegt darin, dass man den Umgang mit „normalen" Menschen, die gesunde Scham und Schwächen zeigen, irgendwann schlichtweg nicht mehr gewohnt ist. Dies kann so weit gehen, dass man anfängt, die Verhaltensweisen normaler Menschen abzuwerten und diese im Vergleich mit dem Verhalten des Narzissten als Schwäche anzusehen. Ein „umgekehrter Narzisst" zu sein bedeutet, süchtig nach der Schamlosigkeit im Verhalten eines anderen zu sein. Man fängt an, sein Selbstbild komplett aus der „Dienerrolle" gegenüber dem Narzissten zu beziehen. Die Konzepte von Grandiosität und Hierarchie werden zutiefst internalisiert. Man gewöhnt sich daran, im Schatten einer „überlegenen" Person zu leben und es ihr zu überlassen, Lösungen für sämtliche Lebensprobleme zu finden. Die Vorstellung von einer Beziehung zwischen zwei gleichwertigen Individuen, die eine echte Verbindung eingehen und einander Liebe und Anerkennung geben, geht dabei mit der Zeit verloren. Man fängt stattdessen an zu glauben, dass es in einer Beziehung immer darum geht, die Oberhand über den Partner zu gewinnen und andere zu kontrollieren, um von ihnen eine regelmäßige Versorgung mit Aufmerksamkeit zu bekommen, mit der man sein eigenes Ego füttern kann. Ist man erst einmal auf diese Art geprägt, kann es sich regelrecht verstörend anfühlen, Zeit mit „normalen" Menschen zu verbringen. Normale Menschen drücken in Gesprächen Ängste und Sorgen aus. Sie stehen zu ihren Fehlern und zögern oder zeigen Unsicherheit, wenn sie sprechen. *Natürlich* tun sie das. Es handelt sich hierbei schließlich um das normale, gesunde Spektrum menschlicher Emotionen. Ein Narzisst hingegen zeigt keine dieser Eigenschaften; er „belastet" Sie nicht mit seiner Menschlichkeit, einschließlich ihrer Schwächen und Begrenzungen. Gewöhnen Sie sich erst einmal an solchen Umgang, kann es sein, dass Sie eine regelrechte Sucht nach Schamlosigkeit entwickeln. Diese kann zu einem echten Hindernis dafür werden, gesunde Beziehungen aufzubauen. Sie kann dazu führen, dass man ausgerechnet denjenigen Menschen aus dem Weg geht, die einem genau die Empathie und das Verständnis entgegenbringen könnten, die man *wirklich* brauchen würde. Um solch eine schädliche Konditionierung wieder zu beseitigen, müssen Sie anfangen, Verantwortung für sich selbst zu übernehmen. Sie müssen anfangen, sich wieder an Beziehungen zu gewöhnen, in denen sowohl Schamgefühle als auch gegenseitige Unterstützung miteinander geteilt werden. Gegebenenfalls müssen Sie erst wieder lernen, wie es eigentlich ist, sich einer anderen Person gegenüber wirklich zu öffnen und sich verletzbar zu machen und auch, wie es ist, andere zu unterstützen, wenn diese sich verletzlich zeigen.

Bleiben Sie auf Kurs

Die beschriebenen sieben Hindernisse werden in dem Veränderungsprozess, den Sie durch Ihr Studium der vorangegangenen Kapitel bereits angestoßen haben, immer wieder auftreten. Ihre Aufgabe ist es, sich dieser Hürden zwar bewusst zu sein und sie wahrzunehmen, aber trotzdem auf dem Kurs zu bleiben, den Sie eingeschlagen haben. Sobald Sie spüren, dass eines der benannten Hindernisse versucht, sich Ihnen in den Weg zu stellen, erinnern Sie sich daran, dass es sich lediglich um *Hindernisse* handelt und nicht um Sackgassen. Die benannten Phänomene sind nicht mehr als angewöhnte Muster, die mit der Zeit verschwinden werden, je weniger Sie auf sie reagieren. Anfangs wird sich die Begegnung sicherlich sehr unangenehm anfühlen. Die benannten Hindernisse sind in der Regel stark emotional „aufgeladen". Es kann gut sein, dass sie Ihnen wie unüberwindbare Naturgesetze vorkommen werden. Hierbei handelt es sich jedoch lediglich um Ihre subjektive *Wahrnehmung* und nicht um die Wahrheit. Lassen Sie die Gefühle zu, die auf Ihrem Weg auftreten; nehmen Sie sie wahr; aber lassen Sie sich nicht von ihnen aufhalten.

Den Mythos zerstören

Der größte Feind der Wahrheit ist oft nicht die vorsätzliche, fabrizierte und unehrliche Lüge, sondern der sich hartnäckig haltende, überzeugende und unrealistische Mythos.

- John F. Kennedy

Ihr Kampf beginnt, sobald Sie anerkennen, dass das missbräuchliche und ausnützerische Ungleichgewicht, das Sie im Umgang mit dem Narzissten erleben, nicht das ist, worum es *wirklich* in Beziehungen geht. Der Narzisst hat Ihre Selbstachtung erschüttert. Er hat dieses Ziel erreicht, indem er sämtliche Regeln zwischenmenschlicher Beziehungen gebrochen hat. Sie sind so weit, dass Sie sich eingestehen, dass es in Ihrer Beziehung mit dem Narzissten keinen gegenseitigen Respekt gibt, keine geteilte Scham, Wärme und Empathie. Sie haben, wenn man so will, Basketball gegen jemanden gespielt, der, anstatt korrekt zu dribbeln, auf Fouls zu achten und sich an die Regeln zu halten, Ihnen gegen das Schienbein getreten hat und dann losgesprintet ist, um ungestört den Ball im Korb zu versenken. Genauso wichtig wie die Erkenntnis, dass Ihr Gegenüber bewusst die Regeln bricht, ist das Eingeständnis, dass Sie es trotz seiner offensichtlich völlig unakzeptablen Spielweise nicht besser wissen konnten. Dass Sie dazu manipuliert worden sind, sich trotz des unfairen Verhaltens des Narzissten weiter an die Spielregeln zu halten, während er einfach über Sie hinweggetrampelt ist. Nun aber ist die Zeit gekommen, aus der Illusion des Narzissten auszubrechen. Es ist an der Zeit, Narzissmus als das zu erkennen, was er wirklich ist: ein künstliches Konstrukt, ein Mythos. In anderen Worten: eine *Lüge*.

Die Wahrheit ist:

- *Der Narzisst ist **nicht** besser als Sie.*
- *Sie sind **nicht** inkompetent.*
- *Sie brauchen **keinen** anderen Menschen mit angeblich mehr Macht und Fähigkeiten, um Ihr Leben zu bestehen.*
- *In Beziehungen geht es **nicht** darum, eine zugewiesene Rolle zu spielen.*

Der Narzisst hat diese Lügen kreiert und konnte Sie von ihnen überzeugen, weil Sie verwundbar waren. Sie waren verwundbar, weil Sie nur ein Kind waren. Sie waren verwundbar, weil Ihr Selbstwertgefühl in der Beziehung immer wieder attackiert wurde. Sie waren verwundbar, weil Sie sich einfach nur nach Liebe und nach Anerkennung sehnten. Bereichernde Beziehungen *erfordern* Verletzlichkeit. Narzissten nutzen diesen Umstand zu ihrem Vorteil aus.

Ihr Kampf beginnt, sobald Sie ausholen, um den Mythos in tausend Stücke zu zerschlagen und ihn aus Ihrem Leben zu verbannen. Sie sind nicht wertlos und nicht schwach. Sie wurden *genötigt*, sich auf ein Spiel mit jemandem einzulassen, der keinerlei Respekt für die Spielregeln hat. So einfach sieht die Sache aus. Nun aber werden Sie aus eigener Kraft beschließen, diesen Betrug nicht länger mitzumachen.

Die umgekehrte Gehirnwäsche einleiten

Unser Leben ist von Natur aus erfahrungsbasiert. Die Summe unserer praktischen Erfahrungen beeinflusst das, was wir glauben und wie wir uns verhalten. Waren wir über lange Zeiträume hinweg Narzissmus ausgesetzt, ist das Phänomen möglicherweise bis in den Kern unseres Seins vorgedrungen. Entsprechend wird sich unsere Wahrnehmung der Wirklichkeit nicht einfach verändern, weil wir es so wollen oder weil wir ein paar Ratschläge in einem Buch über Narzissmus gelesen haben. Um den Schaden zu revidieren, den Narzissmus in uns angerichtet hat, müssen wir vielmehr *entgegengesetzte Erfahrungen* kreieren, und zwar immer und immer wieder, bis der „Abdruck", den Narzissmus in uns hinterlassen hat, ausgelöscht ist und die neuen Erfahrungen ausreichend integriert sind, um einen neuen „Wesenskern" zu formen.

Die Strategie, um wirkliche Veränderung zu erreichen, besteht darin, eine Liste mit Zielen auszuarbeiten und dann durch praktische Übungen auf ihre Erfüllung hinzuarbeiten. Ihre persönliche Entwicklung erfordert einen kontinuierlichen Prozess, bei dem Sie Fortschritte machen, Erkenntnisse und Erfahrungen integrieren und dann auf dieser neuen Grundlage *weitere* Fortschritte machen. Die Ziele sind dabei eher als Leuchttürme anzusehen, die Ihnen Orientierung geben, und nicht als Ziellinien, die über Ihren „Erfolg" oder „Misserfolg" entscheiden. Es geht nicht darum, alle Ziele in einem bestimmten Zeitraum zu erreichen, sondern darum, auf Kurs zu bleiben und sich dem Kern des Problems immer weiter anzunähern. Je länger Sie an Ihrem Veränderungsprozess arbeiten, je mehr Wissen, Verständnis und Erfahrungen Sie sammeln, umso tiefer werden Sie in den wahren Kern des Problems vordringen und umso natürlicher wird sich der Prozess für Sie anfühlen.

Der Weg zu Ihrem Sieg über Narzissmus umfasst sieben Ziele:

1. Heilung Ihrer toxischen Scham: Scham, die bis in Ihre ureigenste Identität vorgedrungen ist, verfestigt sich in Ihren Gedanken und in Ihren innersten Bedürfnissen. Womöglich empfinden Sie Scham, etwas zu wollen, etwas zu sagen oder sogar jedes Mal, wenn Sie auch nur über sich selbst nachdenken. Ihr Ziel besteht darin, dieser Scham als emotionaler „Grundeinstellung" entgegenzutreten und sie zu heilen, Stück für Stück, bis es Ihnen gelungen ist, sich ganz von ihr zu befreien. Letztendlich geht es darum, Scham nur noch dann zu empfinden, wenn sie gerechtfertigt und angemessen ist. Zugleich wollen Sie einen Punkt erreichen, an dem Sie Schamgefühle spüren und ertragen können, ohne sich dadurch minderwertig zu fühlen.

2. Rückkehr in die Realität: Eine regelmäßige „Flucht" in dissoziierte Zustände verhindert, dass Sie wirklich die Kontrolle über Ihr Leben übernehmen können. Ihr Ziel sollte es sein, mit

Ihrem wahren Selbst und mit Ihren Gefühlen in Verbindung zu bleiben und die Herausforderungen des Lebens anzunehmen und zu überstehen, ohne sich in eine Fantasiewelt in Ihrem Kopf zurückzuziehen. Ein wirkliches Bewusstsein für unsere Gefühle zu entwickeln und den Herausforderungen unseres Lebens so zu begegnen, wie sie wirklich sind, kann anfangs aufrüttelnd und schmerzhaft sein. Letztendlich aber verschafft es uns die Macht, unser Leben selbst in die Hand zu nehmen.

3. Ihre Emotionen meistern: Scham gehört zu den am schwierigsten zu beherrschenden und zu integrierenden Gefühlen. Jede Emotion besitzt das Potenzial, uns gelegentlich zu überwältigen. Um von Ihren Gefühlsregungen nicht mehr aus der Bahn geworfen zu werden, ist es entscheidend, dass Sie sich des weiten Spektrums Ihrer Emotionen bewusst werden und lernen, „bei ihnen" und „in ihnen" zu bleiben, während Sie sie erleben. Auf diese Weise lernen Sie, auch dann zu funktionieren, wenn Sie starke Gefühlsregungen erleben, und schaffen es, diese nach und nach in ein gesundes Ego zu integrieren. Ihr Ziel ist es, die Verbindung zwischen Ihrem Verstand und Ihren Emotionen so zu stärken, dass Sie selbst unter dem Eindruck intensiver Gefühlsregungen involviert und handlungsfähig bleiben.

4. Ein gesundes, gut trainiertes Ego entwickeln: Wenn Sie lernen, Ihre Emotionen zu beherrschen, wird Ihr Ego dadurch klüger, weiser und besser informiert. Sind Sie erst einmal an einem Punkt angelangt, an dem Ihre Emotionen Sie nicht mehr ständig überwältigen, eröffnen sich Ihnen völlig neue Freiräume. Diese werden Ihnen erlauben, klar zu denken und effizient Entscheidungen für Ihr Leben zu treffen. Von dort an werden Sie bemerken, wenn jemand versucht, Sie emotional zu manipulieren. Ihre ultimative Belohnung liegt in der Erkenntnis, dass es möglich ist, in einer bestimmten Situation zwar in eine Richtung zu *empfinden*, jedoch unabhängig davon in eine völlig andere Richtung zu *handeln*. Dies umzusetzen kann sehr schwierig sein, solange es Ihren Emotionen immer wieder gelingt, Sie in die eine oder andere Richtung mitzureißen. Sobald Sie jedoch gelernt haben, emotionale Stürme zu überstehen, kann Ihr gesundes Ego unabhängig von Ihrem Gemütszustand funktionieren und agieren. Sie werden endlich eine *Wahl* haben.

5. Eine stabile, unabhängige Selbstwahrnehmung entwickeln: Hierbei geht es darum, ins eigene Innerste zu blicken und dort mehr vorzufinden als nur überwältigende Scham und Furcht. Auch wenn es für Sie möglicherweise aktuell noch schwer vorstellbar ist: In Ihrem Inneren gibt es eine ruhige, stabile Präsenz, die durch nichts gefährdet oder beeinflusst werden kann. Gefühle und Begleitumstände sind im Vergleich mit diesem stabilen, souveränen Selbst lediglich peripher. Von dort aus wird es sich so anfühlen, als hätten Sie in Ihrem Inneren immer einen Rückzugsort, eine sichere, von der Alltagssphäre nicht beeinträchtigte Präsenz, auf die Sie sich zurückziehen können, wenn die Dinge schwierig werden. Weil dieses grundsolide, unabhängige Selbst durch nichts gefährdet werden kann, werden Sie über die Macht der *Wahl* verfügen. Sie werden sich nicht mehr ständig hin- und hergerissen fühlen, sondern auf einem festen Fundament ruhen und die Welt von einem höher gelegenen „Aussichtspunkt" aus betrachten.

6. Entschieden Grenzen ziehen: Die natürliche Konsequenz einer stabilen, unabhängigen Selbstwahrnehmung besteht in dem Bedürfnis und der Fähigkeit, Grenzen zu ziehen. Dies wird sich für Sie ganz von selbst ergeben. Sobald Sie anfangen, Ihr wahres Selbst stärker zu spüren, werden Sie den natürlichen

Instinkt entwickeln, es zu beschützen. Je stärker die Verbindung mit ihrem wahren Selbst wird, umso stärker werden auch die Grenzen werden, die Sie ziehen. Fortan wird jeder, der Ihre Grenzen austesten will (insbesondere Narzissten), bei dem Versuch auf Ihre *Stärke* stoßen. Andere Menschen werden begreifen, dass sie Ihnen mit Fairness und Respekt begegnen müssen, um in Ihr Innerstes vorgelassen zu werden.

7. Lernen, Ihre eigene Menschlichkeit zu genießen und Ihre Leidenschaft zu finden: Das wahre Selbst wird lebendig und blüht auf, wenn man mit ihm in Verbindung tritt. Statt ständig Angst zu haben, werden Sie Ruhe und Frieden spüren. Je weniger Sie sich von der Wirklichkeit dissoziieren, umso mehr werden Sie bemerken, wie Ihre Empathie zunimmt, ebenso wie Ihr Verlangen danach, anderen zu helfen. Schwache, durchlässige Grenzen sorgen dafür, dass Sie ständig angespannt und auf der Hut sein müssen. Von Ihrem neuen „Aussichtspunkt" aus werden Sie hingegen Sicherheit und Stärke spüren. Hieraus werden Sie den Mut beziehen, endlich all die Dinge anzugehen, die Sie schon immer ausprobieren wollten. Sie werden weniger Zeit und Energie auf Versuche darauf verwenden, anderen zu gefallen, und mehr darauf, mit Ihren eigenen Bedürfnissen und Wünschen in Verbindung zu treten. Ein großer Teil dieses Prozesses lässt sich nur schwer erklären oder in Worte fassen. Doch haben Sie Vertrauen: Sobald der Nebel sich verzieht, werden Sie Dinge sehen und erleben, die Sie sich niemals hätten träumen lassen. Ein befreites und gestärktes wahres Selbst ist einzigartig und von Mensch zu Mensch verschieden. Wie Sie Ihr Leben führen werden, ist unvorhersagbar und *aufregend*. Das Paradoxe ist: All dies wird sich für Sie komplett natürlich und normal anfühlen. Angst, Schuld, Furcht und Scham verdecken das wahre Selbst. Sobald sich diese störenden Gefühle auflösen, kann die „Magie" beginnen.

Die genannten sieben Ziele lassen sich mithilfe der folgenden sieben Übungen nach und nach erreichen. Die Übungen dienen dazu, Sie zurück an einen Ort im Zentrum des Scham/Grandio-sitäts-Kontinuums zu führen. Dies gilt sowohl für Ihren Umgang mit sich selbst als auch für Ihre Beziehungen mit anderen Menschen. Die erforderlichen Übungen sind:

1. **Verbündete finden**
2. **Das wahre Selbst entfesseln**
3. **Neue Fähigkeiten entwickeln**
4. **Die Muskeln spielen lassen**
5. **Gleichgewicht herstellen**
6. **Grenzen ziehen**
7. **Verbrannte Erde**

Jede dieser Übungen hilft Ihnen beim Erreichen einiger oder aller der genannten sieben Ziele. In der Summe geben Ihnen diese Praktiken eine Struktur, um nachhaltige Veränderung herbeizuführen. Übungen eins und zwei bilden den Kern, von dem alle anderen Übungen ausgehen. Ohne diese beiden fehlt den anderen Übungen ein solides Fundament. Die in Übungen eins und zwei beschriebene Verbindung zwischen Ihrem *Verstand* und Ihren *Gefühlen* ist entscheidend. Die Fähigkeit, Ihre Gefühle zu ertragen, zu verstehen und zu akzeptieren, dient als Grundlage, damit die anderen Übungen Sie stärken können. Selbstverständlich steht es Ihnen frei, sich zu einem beliebigen Zeitpunkt auch schon mit den späteren Übungen zu befassen. Dennoch wird für bestmögliche Ergebnisse angeraten, dass Sie

Ihre Zeit- und Energieressourcen zuallererst auf die Übungen eins und zwei konzentrieren.

Durch die Anwendung der Übungen kreieren Sie nach und nach ein „Gerüst" aus neuen Erfahrungen, um alte, ungesunde Prägungen zu ersetzen. Ihre Psyche wird sich entsprechend anpassen. Manche der Übungen werden Ihnen leichter fallen als andere. Möglicherweise haben Sie in Ihrem Leben bereits einige sehr gute Freunde oder es fällt Ihnen von Natur aus leicht, gesunde Grenzen zu ziehen. Vielleicht ist es für Sie einfach, neue Fähigkeiten zu erlernen, aber dafür fällt es Ihnen schwer, mit Ihren Emotionen umzugehen (oder andersherum). Das Wichtigste ist, dass Sie alle Übungen solange durchführen, bis Sie diese wirklich *verinnerlicht* haben. Es geht darum, Ihr Paradigma nachhaltig zu ändern, also jenes Bezugs- und Wertesystem, durch das Sie die Welt betrachten. Es geht darum, die Welt mit neuen Augen zu betrachten. Indem Sie sich die erlernten Konzepte immer wieder vergegenwärtigen, versetzen Sie sich in die Lage, die Erlebnisse in Ihrem Leben auf eine neue, andere Weise wahrzunehmen und zu interpretieren. Ihre Überzeugungen und Verhaltensmuster werden sich nach und nach verändern. Während Sie die Übungen der Reihe nach meistern, wird es Ihnen manchmal vielleicht so vorkommen, als würden Sie keinerlei Fortschritte mehr erzielen, bis es irgendwann plötzlich „klick" macht. Möglicherweise drängen sich gelegentlich alte Prägungen und Überzeugungen in den Vordergrund und trüben Ihre Sicht, sodass Sie für eine Zeitlang den Weg aus den Augen verlieren. Dies alles ist Teil der Erfahrung. Gelegentliche Widerstände sind zu erwarten, sobald man anfängt, einen neuen Weg zu gehen. Anfangs kann man noch nicht alles sehen, was vor einem liegt. Je weiter Sie jedoch auf dem gewählten Weg voranschreiten, umso klarer werden Sie das große Ganze sehen können. Manchmal werden Sie erst einen Schritt zurück machen müssen, um dann wieder mehrere Schritte vorwärts zu gehen. Sie werden Augenblicke haben, in denen Ihnen schon beim ersten Lesen „ein Licht aufgeht", aber auch solche, in denen sich gewisse Erkenntnisse erst nach einigem Herumprobieren, vielleicht auch nach ein paar Fehlschlägen, erschließen. In der Summe aber schaffen Sie mit dem erlernten Wissen und mit Ihrem neu erwachten Bewusstsein für die Fallstricke und Hindernisse Ihres Weges die Grundlage dafür, sich Ihr Leben aus den Fängen eines narzisstischen Regimes zurückzuholen.

Bereit? Dann lassen Sie uns loslegen.

Übung eins: Verbündete finden

Ein Freund ist jemand, der dir die Freiheit gibt, ganz du selbst zu sein.

- Jim Morrison

Emotional „gekapert" zu werden bedeutet, nicht mehr selbst am „Steuer" des eigenen Lebens zu sitzen. Aus diesem Grund ist es entscheidend, dass Sie sich innerlich „Raum" dafür verschaffen, unabhängig von anderen Menschen zu denken, zu fühlen und zu entscheiden. Ebenso ist es wichtig, dass Sie Ihrer eigenen *Grandeur* Ausdruck verleihen und sie nach außen zeigen können, dass Sie sich von Ihrer toxischen Scham befreien und dass Sie ein stärkeres Selbstwertgefühl entwickeln. All dies ist, insbesondere nach einer langen Zeit der Schwächung durch ein narzisstisches Regime, nur sehr schwer allein zu schaffen. Wie gezeigt wurde, entwickelt toxische Scham irgendwann eine Eigendynamik und fängt an, autonom zu wirken. Auch ein großer Teil des Schadens, den ein narzisstisches Regime anrichtet, entsteht autonom. Um eine hohe Mauer zu überwinden, brauchen wir eine helfende Hand von der anderen Seite. Es mag erst einmal paradox klingen, doch um unsere Autonomie und Freiheit zurückzuerlangen, brauchen wir die Unterstützung anderer. Für Ihren eigenen Weg werden Sie die Unterstützung einer Gruppe von Menschen brauchen, die keine Narzissten sind.

Limbische Resonanz

Limbische Resonanz ist die tiefste Form von Verbindung, die zwischen zwei Menschen möglich ist. Sie entsteht, wenn zwei Menschen sich aktiv emotional aufeinander einlassen und ineinander „investiert" sind. Viele unserer alltäglichen Verhaltensweisen stehen dem Erreichen eines solchen Zustands bewusst oder unbewusst entgegen. Nehmen wir beispielsweise an, jemand bringt zum Ausdruck, dass er traurig ist. Eine Bezugsperson reagiert darauf, indem sie sich bis zu einem gewissen Grad auf das Gefühl der Traurigkeit einlässt, aber dann, bevor sie selbst „zu viel" von dem Gefühl verspüren kann, eine spielerische Bemerkung fallen lässt wie „Ach, komm, das wird schon wieder". Diese Abwiegelung zu einem Zeitpunkt, an dem allenfalls eine oberflächliche Verbindung zwischen Sender und Empfänger des Gefühlsausdrucks zustande kommen konnte, ist eine verpasste Chance für limbische Resonanz. Damit diese entstehen kann, muss die reagierende Person *zulassen*, von dem Gefühlsausdruck des anderen Menschen bewegt zu werden. Sie muss mit ihren eigenen Gefühlen in Verbindung treten und „bei ihnen" bleiben, während sie der anderen Person zuhört. Das Ergebnis kann ein beinahe tranceartiger Zustand geteilter Lebenswirklichkeit sein, aus dem sich wahre Kameradschaft entwickeln kann. Oft ist es gar nicht nötig, dass die Bezugsperson mit *Worten* reagiert. In vielen Fällen genügt bereits ein Ausdruck in den Augen, im Gesicht und in der Körperhaltung, um jemandem zu kommunizieren, dass wir wirklich nachempfinden können, was der Betreffende fühlt und durchmacht. Im Ergebnis kann sich dieser Mensch wirklich zutiefst verstanden fühlen und wird von potenziellen Schamgefühlen über seinen Ausdruck von „Schwäche" und Verletzlichkeit erlöst.

Wenn jemand Ihnen limbische Resonanz entgegenbringt, werden Sie es spüren. Sie werden sich auf der tiefsten möglichen Ebene akzeptiert und geliebt vorkommen. Ihr Selbstwertgefühl nimmt zu und Ihr wahres Selbst erwacht zum Leben. Die Erfahrung ist wie Nahrung für die Seele. Sie ist wärmend und lebensbejahend. Sie ist wie fruchtbarer Boden, in dem Ihr wahres Selbst wachsen und gedeihen kann. Sie steht damit im krassen Gegensatz zum Umgang mit einem Narzissten. Die Verbindung mit ihm ist kalt und lebensfeindlich; sie ist wie toter Beton, auf dem nichts wachsen kann. Man könnte sagen: Limbische Resonanz ist genau die Zutat, die in einer Beziehung mit einem Narzissten fehlt. Der Narzisst ist so sehr auf sein eigenes falsches Selbst fokussiert, dass ihm jegliche Fähigkeit dafür fehlt. Er ist viel zu sehr von seinen eigenen Bedürfnissen abgelenkt. Strikt gesprochen, kann *niemand*, der Angst vor seinen eigenen Gefühlen hat, einem anderen Menschen limbische Resonanz entgegenbringen. Viele Menschen versuchen, diesen Mangel wettzumachen, indem sie eine Rolle spielen und auf Gefühlsäußerungen mit dem Abspielen eines „Programms" aus vorgefertigten Verhaltensweisen reagieren. Das Zustandekommen einer echten emotionalen Verbindung wird dabei durch eine Art „mentaler Gymnastik" ersetzt. Die Dynamik vieler Familien basiert auf solchen Rollenspielen, denen es an realer Substanz fehlt. Die

Fähigkeit, sich für die emotionalen Welten anderer zu öffnen, erfordert einen sicheren Rückzugsort. Sie erfordert gesunde Grenzen, Reife und Mut im Angesicht turbulenter Gefühle. Es erfordert viel Geduld und Geschick, um eine solche Art, mit anderen in Beziehung zu treten, zu entwickeln und beizubehalten.

Den meisten Menschen ist nicht einmal bewusst, was ihnen entgeht. Ein Großteil der Weltbevölkerung hat im Leben bestenfalls minimale Ausprägungen an limbischer Resonanz erfahren, was leicht zu einer Entfremdung von der eigenen Menschlichkeit führen kann. Man kann schlichtweg nicht vollends menschlich sein, ohne mit den eigenen Gefühlen in Kontakt zu stehen. Ohne Gefühle wird das Leben zu einer rein mentalen Abstraktion. Diejenigen, die niemals limbische Resonanz erfahren haben, können sich nicht bewusst sein, dass sie existiert oder wie wichtig sie für uns als Menschen ist. Jedoch ist es genau die Abwesenheit von limbischer Resonanz, die in so vielen Menschen einen „Hunger" nach Liebe und nach Anerkennung hinterlässt. Ohne limbische Resonanz fühlt sich ein Mensch zerrissen, depressiv, furchtsam, machtlos und hoffnungslos. Es kann sich anfühlen, als ertrinke man in einem Sumpf, in dem das Leben kalt und dunkel ist und jeder Weg bergauf verläuft. Sobald ein Mensch jedoch beginnt, auf einer regelmäßigen Basis limbische Resonanz zu erfahren, wird sein Leben ausgeglichener. Er kann sich „ganz" fühlen. Er ist glücklicher, ruhiger und optimistischer. Gestärkt durch limbische Resonanz, beginnt das wahre Selbst, sich zu regen. Frische Lebenskraft fängt an, den Betroffenen zu durchströmen. Furcht beginnt, sich aufzulösen, während das Selbstwertgefühl stärker und stärker wird. Das Phänomen limbischer Resonanz sollte niemals unterschätzt werden. Es ist entscheidend für unser Wachstum. Dabei geht es nicht darum, wie viele Menschen wir *kennen*. Entscheidend ist, welche *Art von Verhältnis* wir mit ihnen pflegen und ob dabei limbische Resonanz entsteht. Ohne eine regelmäßige Erfahrung des beschriebenen Gefühls wird es uns schwerfallen, auf dem Weg zu unserem wahren Selbst Fortschritte zu machen.

Die harte Wahrheit über Familien

Einer der schwierigsten Aspekte von Veränderung kann darin bestehen, niemanden zu haben, an den man sich wenden kann, wenn man Hilfe braucht. Das wahre Selbst braucht ein Gefühl der Sicherheit und der Unterstützung durch andere, um sich zu entwickeln. Es benötigt limbische Resonanz. Viele von uns denken bei Begriffen wie „Verbündete" oder „Sicherheit" vielleicht zuerst an unsere Familie. Andere haben sich womöglich schon von dem weitverbreiteten Missverständnis gelöst, dass unsere Familie immer für uns da ist und uns immer genau das gibt, was wir brauchen. Viele Menschen erfahren von ihren Familien tatsächlich großartige Unterstützung. Tatsache ist jedoch, dass es sehr viele andere gibt, die von ihren Familien *nicht* das Verständnis und die Ratschläge bekommen, die ihnen wirklich weiterhelfen würden. Einige von uns leben weit von unseren Familien entfernt. Andere kommen aus emotional distanzierten Familien, die zwar unser Bestes wollen und uns praktisch unterstützen, die jedoch selbst in ihrer Kindheit nie limbische Resonanz erfahren durften und entsprechend auch nicht in der Lage sind, uns in dieser Beziehung zu versorgen. Wieder andere von uns kommen aus Familien, in denen es, deutlich gesagt, von Narzissten nur so wimmelt. Anzuerkennen, dass wir keine warmherzige, einfühlsame Familie haben, an die wir uns mit unseren Sorgen wenden können, kann zu starken Schamgefühlen führen. Besonders schlimm wird es, wenn uns genau die Menschen, die wir als Kinder „verehrt" haben und die uns eigentlich Liebe und Unterstützung hätten geben sollen, instrumentalisiert haben, um ihre eigenen narzisstischen Bedürfnisse zu erfüllen. Womöglich wurde das Zuhause, das wir kennen, auf diese Art kompromittiert und der „Quell", aus dem wir eigentlich Liebe hätten beziehen sollen, war vergiftet. Gerade in solchen Fällen brauchen wir Verbündete. Wir brauchen Menschen, die für uns „Familie" sein können und denen es am Herzen liegt, uns zu unterstützen, wo immer sie nur können.

Einen wahren Verbündeten finden

Viele Menschen, die mit einem Narzissten zusammenleben, befinden sich in einem permanenten Zustand der Verwirrung. Durch seine Tricks und Manipulationen vergessen sie, was eigentlich „echt" ist. Ohne eine Stimme der Vernunft kann man darüber beinahe den Verstand verlieren. Dazu kommt, dass der Narzisst die Zielperson, indem er ihr limbische Resonanz verwehrt, in einem Zustand ständigen unerfüllten „Liebeshungers" gefangen hält. Um aus dem narzisstischen Regime zu entkommen, kann zu Beginn Ihrer Reise die Zusammenarbeit mit einem Therapeuten als „erstem Verbündeten" extrem hilfreich sein. Einen Therapeuten aufzusuchen hilft an zwei „Fronten". Erstens hilft es, jemanden zu haben, der einem auf empathische Weise zuhört, anstatt Gefühle „kleinzureden" und herabzuwürdigen, um sich akzeptiert und „ganz" zu fühlen. Zweitens bekommt man auf diese Weise einen Gesprächspartner, der in der Lage ist, die eigenen Gefühle zu reflektieren, was wiederum dabei hilft, ein ausgewoeneres Verständnis der Realität zu entwickeln. Beispielsweise kann Sie ein Therapeut auf merkwürdige Verhaltensweisen hinweisen, die Sie bisher für ganz normal gehalten haben. Auf diese Weise erhalten Sie die Möglichkeit, Ihre Realitätswahrnehmung im Schutz eines sicheren Rückzugsraums zu hinterfragen.

Einer der hilfreichsten Aspekte an der Arbeit mit einem Therapeuten besteht darin, einen konsistenten und verlässlichen Zugang zu Unterstützung zu haben. Falls limbische Resonanz etwas ist, das Sie in Ihrem bisherigen Leben nur unregelmäßig oder überhaupt nicht erfahren durften, kann es gut sein, dass es Ihnen schwerfällt, sich überhaupt auszumalen, wie das Leben „auf der anderen Seite" von Narzissmus aussieht. Ohne ein Bewusstsein dafür, dass auf der anderen Seite tatsächlich ein besseres Leben wartet, ist es schwieriger, sich aus den Klauen eines Narzissten zu befreien. Die ständigen „Psychospielchen", die Schamgefühle und die Angst können immer wieder Wellen des Zweifels in Ihrem Inneren hervorrufen. In solchen Augenblicken, insbesondere in Ihren schwächeren Momenten, können Sitzungen mit Ihrem Therapeuten dabei helfen, Ihre Energie wieder „aufzutanken" und Ihnen neue Einsichten zu gewähren, die Ihnen dabei helfen können, aus einem Zustand psychologischer Gefangenschaft in ein freies und eigenständiges Leben überzugehen.

Genauso wie *ungesunde* Beziehungen dafür gesorgt haben, dass toxische Scham überhaupt in uns entstehen konnte, benötigen wir das *empathische* Gesicht eines anderen Menschen, um uns wieder aus ihr zu befreien. Während einer Sitzung mit einem Therapeuten ist es von größter Wichtigkeit, dass Sie sich nicht selbst „zensieren". Um Ihr von Schamgefühlen eingeschnürtes wahres Selbst zu entwirren und ein stabiles Selbstwertgefühl zu entwickeln, müssen Sie sich selbst erlauben, sich genau so zu zeigen und auszudrücken, wie Sie wirklich sind. Dazu gehören auch Aspekte, die Sie zu unterdrücken gelernt haben, weil man

Ihnen eingeredet hat, dass Sie für andere nicht akzeptabel sind. Vonseiten des Therapeuten ist es wichtig, dass sich dieser offen dafür zeigt, sich auf Ihre emotionale Welt einzulassen und in diese zu investieren. Er muss mit Ihnen auf die Reise gehen und bei Ihnen bleiben, was immer Sie auch mit ihm teilen. Ein Narzisst zwingt Sie dazu, Ihr wahres Selbst zurückzuweisen, indem er es zuerst zurückweist. Ihr Verbündeter hingegen muss Sie akzeptieren und Ihnen Raum geben, damit Sie Sie selbst sein können, um Sie so aus Ihrem psychologischen Käfig zu befreien. Im Umgang mit Ihrem Therapeuten ist es entscheidend, dass Sie:

- **Ihre Gedanken frei aussprechen:** Egal, wie seltsam oder peinlich Ihnen Ihre Gedanken auch erscheinen mögen: Die Gelegenheit, sie in einer sicheren Umgebung mit jemandem zu teilen, ermöglicht Ihnen, sich gleichzeitig von Ihrer Scham zu befreien und Ihre Überzeugungen aus einer kritischen Distanz zu reflektieren. Was Sie bisher für ganz „normal" gehalten haben, ist möglicherweise nicht so normal, wie Sie immer dachten. Es wird Sie vielleicht überraschen, dass sogar die schamvollsten Gedanken ihre Kraft verlieren, sobald sie offen ausgesprochen und aus dem Verborgenen ans Licht gebracht werden. Der Akt des Teilens ist oft derjenige Aspekt der ganzen Reise, der die meiste Heilung bringt.
- **Ihre Gefühle zum Ausdruck bringen:** Wenn Sie während der Sitzung einen Impuls verspüren, drücken Sie ihn aus. Gestehen Sie ihm den Raum zu, um zu existieren. Wenn Ihr Therapeut seine inneren „Hausaufgaben" gemacht hat, wird er in der Lage sein, mit Ihnen mitzufühlen und den Weg mit Ihnen gemeinsam zu gehen.
- **„bei" Ihren Gefühlen bleiben:** Auf Ihre Gefühle fokussiert zu bleiben und sie nicht zu verdrängen kann am Anfang

schwierig sein, doch es handelt sich um eine Fähigkeit, die erlernt werden kann. Wenn Sie es schaffen, Ihre Emotionen nicht zu „intellektualisieren", eröffnen Sie damit einen Raum, um sie wahrzunehmen, zu fühlen, zu begreifen und letztendlich zu akzeptieren.

- **bewusst bleiben:** Ein Wechsel in den „Logik-Modus" (z. B. indem Sie sich in bestimmten Gedankenmustern verstricken) kann Sie von Ihren eigenen Emotionen abkapseln und Ihr Wachstum hemmen. Sich von Ihren Emotionen mitreißen zu lassen kann hingegen Ihren praktischen Verstand und Ihre Rationalität lähmen. Eine Therapie schafft eine sichere Umgebung, in der Sie mit *beiden* Bewusstseinsebenen in Verbindung bleiben können. Indem Sie Ihre Emotionen zulassen und bei ihnen bleiben, entwickeln Sie irgendwann die Fähigkeit, sie zu verstehen und auszudrücken. Mit schwierigen Gefühlen in Verbindung zu bleiben und dabei nicht die Nerven zu verlieren ist eine Fähigkeit, die entwickelt werden kann. Die Sitzungen mit Ihrem Therapeuten können ein hervorragender Rahmen sein, um diese Kompetenz in einer entschleunigten Umgebung zu verbessern.

- **Ihre Hoffnungen und Träume teilen:** Anstatt über Ihre Hoffnungen und Träume zu *fantasieren*, sollten Sie anfangen, sie auszusprechen. Die Aufgabe des Therapeuten ist es dabei nicht, Sie anzufeuern, sondern Ihnen den Raum dafür zu geben, auszudrücken, was Ihnen wirklich wichtig ist. Möglicherweise kann er Ihnen sogar einige praktische Ratschläge geben, wie Sie Ihre selbst gewählten Ziele angehen können

- **der Realität ins Auge blicken:** Ohne einen Spiegel, der einen mit der Wahrheit konfrontiert, kann es schwierig sein, das Reich der Fantasie zu verlassen. Ein Abgleiten in Dissoziation und Fantasie sorgt dafür, dass ein Mensch anfängt, sich selbst zu belügen, ohne es zu bemerken. Ein guter Therapeut wird auf sanfte Weise Selbsttäuschungen hinterfragen und Ihnen ermöglichen, Ihre Lebenssituation klarer zu sehen.

- **Verantwortung übernehmen:** Während Sie sich Ihrem Therapeuten gegenüber öffnen, ist es wichtig, dass Sie sich Ihrer Gefühle bewusst bleiben und zugleich Verantwortung für Ihr Leben übernehmen. Öffnen Sie sich für seine Ratschläge dazu, wie Sie sich besser um sich selbst kümmern können. Verringern Sie ein wenig die Geschwindigkeit, damit der Therapeut mit Ihnen Schritt halten kann. Viele Menschen nehmen fälschlicherweise an, es sei die Aufgabe eines Therapeuten, Menschen zu „reparieren". Andere erliegen der Versuchung, ihre Therapiestunden dafür zu nutzen, ihre überwältigenden Gefühle auf jemand anderen abzuwälzen, ohne dabei irgendeinen Versuch zu unternehmen, sie zu verstehen oder mit ihnen zu arbeiten. Die eigentliche Aufgabe eines Therapeuten besteht darin, eine Art „Überlaufbecken" zur Verfügung zu stellen, damit Ihre Gefühle Sie nicht überwältigen, und außerdem Ratschläge zu liefern, die Ihnen dabei helfen können, auf Ihrem Weg weiter voranzukommen. Der Rest hängt ganz von Ihnen ab.

Ein Großteil Ihrer Erfolgsaussichten beim Praktizieren dieser Übungen hängt davon ab, inwieweit Sie den *Willen* aufbringen können, Ihre Gefühlsregungen auszuhalten und aus ihnen zu lernen. Ein weiterer Teil hängt von Ihrem Therapeuten ab. Ist der Therapeut geduldig und in der Lage, Ihre Emotionen auszuhalten, erlaubt er es Ihren Gefühlen, zu existieren, ohne sich in den Prozess einzumischen, und steht er Ihnen mit Struktur und Ratschlägen zur Seite, dann wird er Ihnen damit psychologisch Raum dafür verschaffen, ein gesünderes, robusteres Selbstverständnis zu entwickeln. Dieser Raum wird Ihnen erlauben, den

Glutspan zu entzünden, an dem das wahre Selbst sich nähren kann.

Achten Sie bei Ihrem Weg bewusst darauf, nicht zurück in alte Denkmuster zu verfallen. Ihr durch ungesunde Erfahrungen geprägter Verstand wird möglicherweise versuchen, Ihnen unbemerkt in neuer Form genau die gleichen alten Konzepte und Denkweisen unterzujubeln, die Sie eigentlich überwinden wollen. Konzentrieren Sie sich darauf, bewusst immer tiefer unter die Oberfläche dessen zu schauen, was in Ihrem Bewusstsein vor sich geht, und Ihre Gefühle eines nach dem anderen zu betrachten und zu durchdringen. Die eigentlichen Umstände und Geschehnisse in Ihrem Leben, so wichtig sie auch sein mögen, sind für Ihre Reise weniger bedeutsam als die emotionalen Zustände, die Sie zulassen und mit denen Sie auf externe Ereignisse reagieren. Nur indem Sie Ihr wahres Selbst zulassen und zum Ausdruck bringen, können Sie Fortschritte machen. Solange Sie sich lediglich an der Oberfläche Ihrer Wahrnehmung bewegen oder sich von den Dramen ihres Lebens mitreißen lassen, werden Sie nur auf der Stelle treten.

Freunde

Wir alle brauchen Freunde. Genauer gesagt: Wir alle brauchen Freunde, die an einer *echten* Beziehung mit uns interessiert sind und die nicht nur versuchen, sich durch uns narzisstische Versorgung zu sichern. Ein Freund verfügt wahrscheinlich nicht über eine professionelle Ausbildung darin, sich auf unsere Gefühle einzustellen. Er ist wahrscheinlich auch nicht in der gleichen Weise dauerhaft erreichbar wie ein Therapeut. Dafür kann er uns auf eine andere einzigartige Weise Liebe und Akzeptanz entgegenbringen. Ungesunde, einseitige Freundschaften sind für unsere Entwicklung schädlich. Hilfreiche Freundschaften hingegen lassen uns eine ehrliche Verbindung spüren und stärken uns emotional. Sie sind geprägt von Werten wie Teilen, Gleichgewicht und Ebenbürtigkeit. Freundschaften der hilfreichen Art entstehen nicht einfach über Nacht. Sie kommen nicht einfach zustande, weil zwei Menschen zufällig den gleichen Fußballverein oder das gleiche Hobby mögen. Ebenso wenig, wie man das Autofahren komplett in einer einzigen Fahrstunde lernt, ist es erforderlich, eine bestimmte Anzahl an Stunden zu investieren und eine bestimmte Anzahl an Herausforderungen gemeinsam durchzustehen, bevor die Fasern einer wirklich tief gehenden Freundschaft stark genug miteinander verwoben sind. Aus genau demselben Grund sind Beziehungen mit Narzissten oft so wenig erfüllend. Ein Narzisst wird stets versuchen, eine Abkürzung zu nehmen. Er will die „Früchte" einer echten Freundschaft ernten, aber die hierfür erforderlichen *Investitionen* an Verletzlichkeit, Geduld und Opferbereitschaft vermeiden.

Es gibt gewisse Warnhinweise, die erkennen lassen, welche Menschen beim Aufbau gesunder Freundschaften am besten zu vermeiden oder zumindest mit Vorsicht zu behandeln sind. Dazu gehören Menschen, die:

- bereits ganz zu Anfang zu schnell und zu sehr darum bemüht sind, mit Ihnen in möglichst vielen Dingen übereinzustimmen und „beste Freunde" zu werden, ohne die erforderlichen „Meilen" dafür gemeinsam mit Ihnen zurückgelegt zu haben,
- sich im Gespräch nur äußerst selten nach Ihrem Leben und Ihrem Wohlbefinden erkundigen,
- das Thema der Unterhaltung, egal worum es geht, immer wieder auf sich selbst zurücklenken,

- erkennbar eine „Rolle" spielen, anstatt sich zu öffnen, und so verhindern, dass wirkliche Gefühle entstehen können,
- sich über Sie lustig machen und Sie niedermachen,
- nicht emotional in Sie investieren, sodass keine limbische Resonanz zustande kommt,
- manchmal komplett von der Bildfläche verschwinden, um dann genauso unberechenbar wieder aufzutauchen.

Stattdessen lohnt es sich, nach Menschen Ausschau zu halten, die:

- sich nicht primär auf ihren Charme verlassen, um die Bindung mit Ihnen zu vertiefen,
- nicht nur einzelne, sondern eine Vielzahl Ihrer Eigenschaften und Qualitäten wertschätzen,
- mit Ihnen lachen und nicht über Sie,
- akzeptieren, dass eine Freundschaft den Beteiligten physische und emotionale Freiräume lassen muss („Raum zum Atmen"),
- bereit und in der Lage sind, mitzufühlen, wenn Sie schwierige Emotionen durchmachen und diese zum Ausdruck bringen,
- die Freundschaft nicht mit vorgefertigten und zu schweren Erwartungen überfrachten,
- eine echte Verbindung mit Ihnen in den Vordergrund stellen und nicht ihr eigenes Ego,
- in ihrem Handeln und Verhalten konsistent und offen sind.

Es ist nicht immer einfach, Menschen dieser Art zu finden. Doch es gibt sie. Es lohnt sich, die Augen nach ihnen offen zu halten. Für Ihren Kampf brauchen Sie Verbündete. Echte Freunde sind auf Ihrem Weg ein großer Schritt nach vorn.

Übung zwei: Entfesseln Sie Ihr wahres Selbst

Sei unerschrocken und mutig genug, dein wahres Selbst zu sein.
- Queen Latifah

Die Gegenwart von jemandem mit einem überhöhten Ego kann Ihren freien Ausdruck einschränken und Sie dazu zwingen, eine Rolle zu spielen, die nicht Ihrem wahren Selbst entspricht. Nicht nur das: Im Schatten der Schamlosigkeit eines Narzissten zu stehen kann dafür sorgen, dass Sie sich permanent unterlegen und unfähig fühlen. Eine sichere und flexible Struktur, die Sie so annimmt, wie Sie sind, ist der einzige Weg, um Ihr wahres Selbst voll zu entwickeln.

Die gute Nachricht ist, dass das wahre Selbst Sie nie verlässt. Es wartet lediglich darauf, von Ihnen „angezapft" zu werden. Es wünscht sich nichts sehnlicher, als dass Sie mit ihm in Kontakt treten und Ihre Verbindung mit ihm stärken. Um effektiv mit Ihrem wahren Selbst in Verbindung treten zu können, ist es wichtig, dass Sie über einen sicheren Rückzugsraum verfügen, in dem Sie unabhängig von anderen nachdenken und fühlen können, ob es nun Narzissten sind oder nicht. Hierdurch verschaffen Sie sich die Gelegenheit, Rollenbilder und Annahmen, mit denen Sie sich selbst einschränken, zu hinterfragen und sie abzulegen. Sie schaffen sich die Möglichkeit, tiefer in die Dinge einzutauchen, die wirklich in Ihnen vor sich gehen, und zu sehen, was sich hinter der Maske verbirgt, die Sie in Ihrem Alltag regelmäßig anlegen. Ihr Rückzugsraum erlaubt es Ihnen, sämtliche Aspekte Ihres Unbewussten zu verstehen, zu akzeptieren und zu integrieren.

Gestalten Sie Ihr wahres Selbst

Basierend auf den Prinzipien der Gestalttherapie, kann das wahre Selbst entwickelt werden, indem Sie Ihren aktuellen emotionalen Zustand erkennen und ihm Form verleihen. „Gestalt" konzentriert sich dabei auf die Erfahrung eines Menschen in einem bestimmten Moment. Der Prozess ermöglicht es dem Handelnden, zurückzutreten und sich selbst aus einer gewissen Distanz zu betrachten. Es handelt sich um eine Methode, bei der Selbstverantwortung und Selbstbewusstsein im Mittelpunkt stehen. Es gibt verschiedene Möglichkeiten, wie Sie mit Ihrer aktuellen Erfahrung in Verbindung treten können, um sie dann aus der Distanz zu betrachten.

Sie können:

- **ein Gefühls-Tagebuch führen:** Hierbei sollten Sie nicht nur aufschreiben, was während des Tages passiert ist. Konzentrieren Sie sich auf Ihre Gefühle und Empfindungen und entscheiden Sie auf dieser Grundlage, worüber Sie schreiben wollen. Nehmen Sie Ihre Gefühle wahr, dann verleihen Sie ihnen Form. Beschreiben Sie beispielsweise, wie eine Emotion aussehen würde, wenn sie ein Objekt wäre. Tagebuch zu führen ist eine äußerst wirksame Erweiterung für eine Therapie. Richtig angegangen und mutig durchgeführt, kann es eine hervorragende Übung sein, um die Verbindung zwischen Ihrem Verstand und Ihren Gefühlen zu stärken.

- **Gedichte schreiben:** Prosa zu schreiben kann hilfreich sein. *Poesie* besitzt jedoch das Potenzial, Ihrem authentischen Selbstausdruck besonders viel „Durchschlagskraft" zu verleihen. Folgen Sie Ihren Eingebungen. Lassen Sie (Selbst-)Urteile hinter sich zurück. Sie schreiben nicht für ein Publikum, sondern für sich selbst. Erteilen Sie sich die Erlaubnis, jedes Thema zu erkunden, egal wie düster es auch sein mag.

- **ein Instrument spielen:** Es ist ein wunderbares Gefühl, ein Instrument nach und nach besser zu beherrschen. Fast noch besser aber ist der Umstand, dass wir uns dadurch die Möglichkeit eröffnen, etwas zu erschaffen, das mit unseren Gefühlen resoniert und uns erlaubt, ihnen Ausdruck zu verleihen. Ein Trommelschlag kann Wut in einer Weise ausdrücken, wie es Worte niemals könnten. Der Klang einer Flöte kann Gefühle der Verzweiflung vertreiben, wo Gespräche scheitern würden. Eine Gitarrensaite kann ein Kribbeln in uns auslösen, das durch eine Unterhaltung nie entstanden wäre. Auch Sie können sich, wenn Ihnen danach ist, ein Instrument besorgen und sich in einen ruhigen Raum zurückziehen. Viele mietbare Proberäume bieten die Möglichkeit, Instrumente auszuleihen. Sie können auch noch weitergehen und an einer Musiktherapie teilnehmen. Diese kann ein machtvoller Weg sein, um unter der Anleitung eines Experten mit Ihren Emotionen in Verbindung zu treten.

- **malen oder zeichnen:** Hierfür ist es nicht erforderlich, ein geborener Künstler zu sein. Ihren Gefühlen bildhaft Ausdruck zu verleihen kann Ihnen Dinge über Sie selbst verraten, die Sie sich niemals hätten vorstellen können. Der Prozess ermöglicht Ihnen in gewisser Weise, im Wachzustand zu träumen und Ihren unbewussten Emotionen visuell Ausdruck zu verleihen. Die Resultate könnten Sie überraschen.
- **singen:** Singen ist ein großartiger Weg, um die Effektivität von Musik mit dem Ausdruck der Persönlichkeit in Ihrer Stimme zu verbinden. Indem Sie größere Intensität in Ihre Stimme legen, können Sie emotionale Frequenzen erkunden, die Sie im normalen Sprechen nicht erreichen. Dies lässt sich auch damit verbinden, eigene Lieder zu schreiben.

Die beschriebenen Aktivitäten haben eines gemeinsam: Sie erlauben Ihnen, Ihrem Unbewussten Form zu verleihen. Sie greifen das auf, was tief in Ihrem Inneren verborgen liegt und was sich außerhalb Ihrer bewussten Wahrnehmung vollzieht, und bringen es in die wirkliche Welt. In anderen Worten: Sie verschaffen Ihrem wahren Selbst eine Repräsentanz in der Welt und machen es für andere sichtbar. Richtig ausgeführt, werden die beschriebenen Übungen neue Aspekte Ihres Selbst beleben, die Sie anfangs womöglich noch nicht voll begreifen können. Hierbei handelt es sich um einen völlig normalen Vorgang, der zu erwarten ist. So kann es beispielsweise vorkommen, dass eine Ihrer Zeichnungen Sie mehrere Wochen lang verwirrt, bevor es Ihnen gelingt, einen Zusammenhang mit Prozessen in Ihrem Inneren herzustellen. Sobald diese Verbindung jedoch einmal aufgedeckt ist, kann sie Ihnen dabei helfen, eine tiefere Vertrautheit mit Ihrem wahren Selbst herzustellen, als Sie je erlebt haben. Auf diese Weise findet persönliches Wachstum statt.

Unabhängig davon, welche der beschriebenen Aktivitäten Sie ausprobieren, ist es wichtig, dass Sie in einem mentalen und gegebenenfalls auch physischen Raum beginnen, der nur für Sie alleine da ist. Ebenso ist es wichtig, dass Sie bei der Ausübung mit Ihren Gefühlen in Verbindung bleiben. Wenn Sie zeichnen: Zeichnen Sie, was Sie empfinden, auch, wenn es Ihnen abstrakt oder bedeutungslos erscheint. Kopieren Sie nicht einfach das Bild von jemand anderem und malen Sie nicht einfach eine andere Person; hören Sie auf das, was wirklich durch Sie zum Ausdruck kommen will. Wenn Sie ein Instrument spielen: Lassen Sie die Klänge von Ihren Gefühlen leiten. Haben Sie keine Angst davor, sich ganz in der Musik zu verlieren. Versuchen Sie, Ihren praktisch denkenden Verstand eine Zeitlang zurückzulassen. Verabschieden Sie sich für eine Weile vom Denken in Strukturen. Verfolgen Sie die Dinge auf eine organische Art und Weise, basierend darauf, was Ihre Impulse Ihnen mitteilen. Es geht nicht primär darum, neue Fähigkeiten und Konzepte zu erlernen, sondern darum, mit Ihren Gefühlen in Verbindung zu treten und hierdurch mit Ihrem wahren Selbst. Genau wie eine Therapie erlaubt Ihnen diese Übung, die Verbindung zwischen Ihrem Verstand und Ihren Gefühlen zu stärken und ein besseres Verständnis dafür zu entwickeln, wie Sie unter der Oberfläche Ihrer Gedankenströme „ticken". Es gibt kaum einen besseren Weg, um sich selbst kennenzulernen. Wenn eine Gefühlsregung sich bemerkbar macht, werden Sie in der Lage sein, sie in ihrer vollen Stärke zu spüren, sie zu verstehen und anschließend zu entscheiden, wie Sie handeln wollen. Diese Fähigkeit macht Sie zu einem ernstzunehmenden Widersacher für jeden, der versucht, Sie zu manipulieren.

Ihrem wahren Selbst Form zu verleihen, kann unangenehm sein, da dabei auch negative Emotionen an die Oberfläche kommen können. Hoffentlich hat Übung eins einen ersten Funken in Ihnen entzündet und Sie gewöhnen sich langsam daran, Ihre Gefühle nicht nur zuzulassen, sondern auch bei ihnen zu bleiben, ob sie sich nun gut anfühlen oder schlecht. Ein trauriges Gedicht sollte von Ihnen als genauso legitim angesehen werden wie ein fröhliches Lied. Eine düstere, eindringliche Zeichnung hat die gleiche Gültigkeit wie ein Tagebucheintrag, in dem Sie aufschreiben, wie viel Spaß Sie hatten und welche positiven Gefühle Sie dabei empfunden haben. Sogar nagende, lang anhaltende Gefühle des Unwohlseins verdienen Ihre Aufmerksamkeit und sorgsame Pflege. Alles davon ist ein Teil von Ihnen und hat ein Recht darauf, zu existieren. Wirklich alles.

Natürlich werden selbst Menschen, die auf diesem Weg bereits ein gutes Stück vorangekommen sind, gelegentlich von ihren Gefühlen überwältigt. Gefühle kommen und gehen, aber *Sie* bleiben. Sobald Sie eine bestimmte Stufe der Beherrschung Ihrer Gefühle erreicht haben, werden Sie die Möglichkeit haben, zu entscheiden, welche Dinge und Personen einen Anspruch darauf erheben können, an Ihren Emotionen teilzuhaben. Darüber hinaus werden Sie sich menschlicher und stärker mit sich selbst verbunden fühlen als je zuvor. Es existiert kein Limit dafür, wie tief und weit Sie gehen können.

Sitzen und warten

Kreative Beschäftigung kann sehr bereichernd sein. Sie erlaubt uns, mit unserem wahren Selbst in Verbindung zu treten, unserem Unbewussten eine greifbare Repräsentanz in der Welt zu verleihen und unser wahres Selbst besser zu verstehen. Es gibt noch einen weiteren, eher passiven Weg, der uns tiefer in unser wahres Selbst führt und der genauso lohnend und erfüllend sein kann, auch wenn es auf den ersten Blick vielleicht weniger „aufregend" erscheint. Die Rede ist von Sitzmeditation.

„Selbsterinnerung" bezeichnet den Prozess, für eine bestimmte Zeit einfach nur zu still zu sitzen, um Zeit und Raum dafür zu schaffen, dass das wahre Selbst hervortreten kann. Es geht um aufmerksames Warten und sonst nichts. Der Zweck der Selbsterinnerung liegt darin, so lange wie nur möglich mit „sich selbst" zu sitzen. Das ist alles. Sie sitzen einfach, ohne zu erwarten, dass etwas Bestimmtes passiert (obwohl paradoxerweise gerade hierdurch irgendwann etwas passiert).

Die Anweisungen lauten wie folgt:

- Suchen Sie sich einen ruhigen Raum, in dem Sie ungestört sind.
- Suchen Sie sich einen Platz auf dem Boden und sitzen Sie mit überkreuzten Beinen, den Rücken und den Nacken aufrecht. Eine spezielle Yoga-Pose ist nicht nötig. Es kann helfen, auf einem Meditationskissen zu sitzen, da ein leicht erhöhter Torso es einfacher macht, eine gesunde Haltung einzunehmen und zu halten, und die Meditation hierdurch körperlich weniger anstrengend wird. Falls Sie kein Meditationskissen haben, können Sie auch einen Stapel Handtücher oder Kleidung verwenden oder ein Handtuch unter Ihre Knie legen, falls der Boden sonst zu hart ist. Das Wichtigste ist, sich eine bequeme Sitzposition zu schaffen und eine sitzende, aufrechte Haltung einzunehmen.

- Sorgen Sie für eine zeitliche Erinnerung, etwa durch das Stellen eines Weckers. Ein gutes Ziel für eine Sitzungsdauer ist 20 Minuten. Möglicherweise können Sie zu Anfang nur sehr viel kürzere Zeitspannen „ertragen". In diesem Fall sollten Sie sich dem Ziel langsam annähern.
- Suchen Sie sich eine angenehme Ruheposition für beide Hände auf den Innenseiten Ihrer Oberschenkel.
- Es empfiehlt sich, die Augen während der Sitzung offen zu halten. Hierfür können Sie sich beispielsweise einen ganz banalen Gegenstand aussuchen, auf den Sie sich konzentrieren, etwa eine Tasse mit Aufdruck. Das Objekt dient Ihnen während Ihrer Meditation als Referenzpunkt, auf den Sie sich sachte immer wieder fokussieren können, wenn Sie spüren, dass Ihre Blicke und Gedanken sich zerstreuen. Falls Sie das Bedürfnis verspüren, Ihre Augen zu schließen, tun Sie dies und öffnen Sie sie anschließend wieder, sobald Sie sich dafür bereit fühlen.
- Versuchen Sie, während der gesamten Übung entspannt und dennoch konzentriert zu bleiben.

Während Ihrer Meditation werden vermutlich einige Schwierigkeiten auftauchen. Ruhig zu sitzen und zu schweigen ist kein Zustand, der unserem praktischen Verstand besonders gut gefällt. Vermutlich wird er den Versuch unternehmen, zu rebellieren. Hierauf müssen Sie vorbereitet sein. Indem Sie Ihr Bewusstsein durch die Meditation öffnen, ohne sich auf Ablenkungen oder Ziele zu fokussieren, bedrohen Sie die Macht, die Ihr praktischer Verstand üblicherweise über Sie hat. Einige der am häufigsten auftretenden Hindernisse und Ratschläge, wie mit diesen umgegangen werden kann, sind die folgenden:

- **ununterbrochene Gedankenströme:** Während Ihr Körper einfach nur sitzt, wird Ihr Verstand in Ihrem Kopf „weiterticken". Dies ist absolut normal. Möglicherweise ertappen Sie sich dabei, wie Sie zurück in die Welt des praktisch denkenden Verstandes gezogen werden und beispielsweise darüber nachdenken, dass Sie noch Ihre Wäsche erledigen müssen. Vielleicht heftet sich Ihre Aufmerksamkeit an bestimmte Abschnitte Ihres Tages, die wie Filmszenen vor Ihrem inneren Auge ablaufen. Vielleicht drängt Sie Ihr praktischer Verstand, das Referenzobjekt, auf das Sie sich konzentrieren, zu analysieren. Der Schlüssel liegt darin, sich dieser Prozesse bewusst zu werden, sobald sie auftreten, und den eigenen Fokus dann sanft wieder zurück auf den aktuellen Moment zu lenken. Ein guter Weg, um sich tiefer in der Meditation zu verankern, besteht darin, die Aufmerksamkeit auf den eigenen Atem zu richten. Nehmen Sie 10 langsame, tiefe Atemzüge. Dann wechseln Sie zurück zu Ihrem entspannten, natürlichen Atemrhythmus. Eine weitere Möglichkeit, um sich wieder zu „zentrieren", liegt darin, sich auf den eigenen Körper zu konzentrieren. Richten Sie Ihre Aufmerksamkeit bewusst auf Ihren Brustkorb oder auf Ihren Körper als Ganzes. Nehmen Sie wahr, wie Sie sich fühlen. Sobald Sie ein bestimmtes Gefühl ausgemacht haben, nehmen Sie es zur Kenntnis, dringen Sie in sein Inneres vor und erkunden Sie es. Widmen Sie ihm Ihre Aufmerksamkeit. Dann kehren Sie zurück und entspannen Sie sich, sobald Sie wieder dazu bereit sind.
- **Zerstreuung:** Wenn ein Gedanke oder ein stimulierender Impuls aus der Außenwelt beim wahren Selbst eine starke Reaktion hervorruft, kann der damit verbundene Schmerz das Ego dermaßen erschrecken, dass es mit Zerstreuung reagiert. Je weiter Ihr wahres Selbst während der Meditation an die Oberfläche kommt, umso wahrscheinlicher werden Sie Angst

empfinden. Mit zunehmender Angst zerstreut sich Ihr Fokus. Im Umkehrschluss bedeutet dies: Je stärker Ihr wahres Selbst zum Vorschein kommt, umso größer muss Ihre Konzentration sein. Auch kann es während der Meditation zur Dissoziation kommen, wenn Sie zulassen, dass Sie gedanklich „abschalten" oder sich in bestimmten Gedankenmustern verstricken. Das Gegenmittel liegt für sämtliche Herausforderungen darin, den Fokus sanft zurückzulenken und sich dabei Ihrer körperlichen Empfindungen bewusst zu bleiben. Das Ganze ist ein ständiger Balanceakt: Zu viel Fokus bringt zu viele Ego-Elemente zurück in den Prozess, was den Pfad zum wahren Selbst blockieren kann. Zu wenig Fokus sorgt dafür, dass Sie das Bewusstsein für den Prozess verlieren und das wahre Selbst an Ihnen vorüberziehen kann, ohne dass Sie die Möglichkeit bekommen, es zu kanalisieren und in gewünschte Bahnen zu lenken.

- **Schmerz und Unwohlsein, Hitzewallungen:** Unangeneh-me körperliche Reaktionen werden immer seltener auftreten, je mehr Sitzungen Sie durchführen. Verdrängte Emotionen haben sich im Laufe Ihres Lebens in Ihrem Körper angesam-melt und aufgestaut. Während der Sitzmeditation können diese Emotionen an die Oberfläche steigen und sich als Schmerzen manifestieren. Diese treten besonders oft in den Schultern und im Rücken auf. Ein paar leichte Dehnübungen nach dem Sitzen können Ihnen helfen. Zugleich aber sollten Sie wissen, dass diese Schmerzen mit der Zeit nachlassen werden. Natürlich steht es Ihnen jederzeit frei, die Meditation zu unterbrechen, wenn das Unwohlsein zu groß wird. Grund-sätzlich gilt jedoch: Je mehr Schmerz und Unwohlsein Sie bereit sind, zu ertragen, umso effektiver wird die Meditation für Ihre persönliche Entwicklung sein.

- **Zweifel und Ungeduld:** Ihr Verstand wird versuchen, sein eigenes Spiel mit Ihnen zu treiben. Er wird Ihnen einflüstern, dass Ihre Versuche lächerlich sind und dass Sie Ihre Zeit viel besser dafür einsetzen könnten, Ihren nächsten Urlaub zu planen. Er wird Ihnen unzählige Vorschläge unterbreiten, was Sie sonst noch mit Ihrer Zeit anfangen könnten. Er wird Ihnen einreden wollen, dass das, was Sie tun, sinnlos ist. Hören Sie nicht auf ihn. Es handelt sich um eine List. Der logische Verstand hasst es, sich exponiert und verwundbar zu fühlen, ohne sich in eine Ablenkung retten zu können. Sobald sich die genannten Zweifel in Ihnen regen (und sie werden kommen), nehmen Sie sie einfach wahr. Dann machen Sie weiter.

- **vernebelte Sicht:** Meditation kann Ihre Gehirnchemie physisch verändern. Eine temporäre Vernebelung Ihres Sichtvermögens kann eine Nebenwirkung hiervon sein. Auch diese wird sich legen, sobald Sie tiefer in die Praxis vordringen.

Das Ziel der Selbsterinnerung liegt darin, einen Raum zu öffnen, in dem das wahre Selbst hervortreten kann und in dem wir ihm begegnen können. Trotzdem sollten wir uns der Meditation ohne feste Erwartungshaltung nähern. In dem Moment, wo wir die Übung mit einer vorformulierten Zielvorstellung angehen, konzentrieren wir uns damit ungewollt auf unseren praktischen Verstand und verbauen uns den Pfad zum wahren Selbst. In der Meditation geht es darum, den praktischen Verstand zurückzulassen und ein anderes Reich in unserem Inneren zu erkunden. Hierfür sollten wir so offen und entspannt wie möglich sein. Vertrauen Sie darauf, dass sich der Prozess von ganz allein entfalten wird. Es gibt nichts, was Sie aktiv tun müssen, außer konzentriert zu bleiben. Sitzen Sie. Warten Sie. Seien Sie aufmerksam, aber entspannt. Zu Anfang klingt es vielleicht noch paradox, doch mit jeder Sitzung, die Sie absolvieren, wird die Vorstellung mehr Sinn ergeben.

Der schmale Grat zwischen Ihren Gedanken und Ihrem wahren Selbst

Die Entdeckung und Erkundung Ihres wahren Selbst ist eine sehr persönliche Reise und erfordert Vertrauen. Die meisten Menschen identifizieren sich fast vollständig mit ihrem praktischen Verstand, sodass dieser ihre gesamte Realitätswahrnehmung ausfüllt und sie davon abhält, etwas Tieferes zu erfahren. Dieser Mangel an „Verwurzelung" macht Menschen anfällig für Manipulation. Der praktische Verstand lässt sich durch geeignete Beeinflussung von beinahe allem überzeugen. Das wahre Selbst ist sehr viel schwieriger zu täuschen.

Auf einer gewissen Ebene ahnen viele Menschen, dass etwas wie ein wahres Selbst existiert. Es ist jedoch etwas völlig anderes, etwas nur intellektuell zu wissen, als es zu *erfahren*. Sie wissen höchstwahrscheinlich, dass eine Stadt namens London existiert. Trotzdem werden Sie sie niemals *wirklich* kennen, ohne ihre Vielfalt, ihre atemlose Geschwindigkeit und ihre bekannten Sehenswürdigkeiten selbst erfahren und erlebt zu haben. Ähnlich ist es mit dem wahren Selbst. Am Anfang Ihrer Sitzmeditation mag es Ihnen gehen wie dem sprichwörtlichen Fisch im Wasser. Sie werden sich in dem Zustand befinden, der für Sie „normal" ist: im Reich Ihres praktisch denkenden Verstandes. Dieser Beginn ist ganz normal. Er ist Ihr Ausgangspunkt. Solange Sie noch nicht selbst erleben konnten, wie es ist, mit Ihrem wahren Selbst *wirklich* verbunden zu sein, mag es Ihnen schwerfallen, überhaupt zu glauben, dass es existiert. Sie brauchen Vertrauen, Mut und Geduld, um Ihren eigenen Weg zu diesem wundervollen Ort zu finden. Bei den meisten Menschen sind die Reiche des „Denkens" und des „Seins" klar voneinander getrennt. Je mehr Sitzungen Sie durchführen, umso klarer werden Sie die Trennlinie erkennen können. Je mehr Vertrauen und Mut Sie an den Tag legen, umso größer wird auch Ihre Belohnung ausfallen. Sie werden einen Punkt erreichen, an dem die Unterscheidung für Sie ersichtlich wird und an dem Sie sich selbst ein anerkennendes Lächeln schenken können. Dieser Punkt wird ein entscheidender Meilenstein auf Ihrer Reise sein, ein bedeutsames Stück in Ihrem persönlichen Puzzle, während Sie das narzisstische Regime hinter sich lassen und Ihre wahre Kraft entdecken.

Übung drei: Neue Fähigkeiten entwickeln

Die Regeln sind einfach: Nehmen Sie Ihre Arbeit ernst, aber niemals sich selbst. Stecken Sie all Ihre Liebe hinein und Ihre angeborenen Fähigkeiten werden ans Licht kommen.

- Chuck Jones

Ihr wahres Selbst zurückzuerobern ist extrem bestärkend und motivierend. Sobald Sie beginnen, mit Ihren Gefühlen in Verbindung zu treten und Ihren Emotionen Raum zu geben, werden Sie feststellen, dass Sie auf größere Energievorräte zurückgreifen können als je zuvor. Hierfür gibt es zwei Gründe. Erstens verschwenden Sie weniger Energie darauf, Ihre Gefühle zu unterdrücken; zweitens verschaffen Ihnen Ihre Gefühle nun, da Sie ihnen erlauben, sich zu zeigen, neue Energie.

Dazu kommt: Ein Leben unter den Einschränkungen eines narzisstischen Regimes hätte Sie auch weiter davon abgehalten, sich selbst zu führen. Anführer finden neue Wege. Sie treten mutig hinaus ins Unbekannte. Anführer können sich auf ihre Fähigkeiten verlassen. *Sie selbst* sind von nun an der Führer Ihres Lebens, auch wenn Sie vielleicht noch nicht Ihr ganzes Potenzial realisiert haben. Sie haben eine große Aufgabe vor sich. Diese Übung dient dazu, die Herausforderung zu meistern.

Um Ihr volles Potenzial zu nutzen, müssen Sie Ihr persönliches Wachstum in den Mittelpunkt stellen. Wachstum wiederum erfordert es, der Wahrheit ins Gesicht zu sehen und sich einer Vielzahl oft unangenehmer Emotionen zu stellen. Durch das Praktizieren von Übungen eins und zwei haben Sie die Grundlage dafür geschaffen, Ihren Emotionen mit mehr Reife zu begegnen als je zuvor. Dieses Fundament ermöglicht Ihnen nun, weitere Kompetenzen für Ihr Leben zu entwickeln und den Mythos Narzissmus ins Wanken zu bringen. Sie haben angefangen, zu begreifen: Sie *sind* nicht minderwertig. Sie sind *kompetent* und *leistungsfähig*. Es geht dabei nicht darum, andere zu übertreffen. Es geht darum, die Messlatte Ihrer Fähigkeiten selbstbewusst höher anzulegen. Eine höhere „Lebenskompetenz" zu entwickeln bedeutet, nützliche Fähigkeiten zu erlernen und sich mit Dingen zu beschäftigen, die Ihre innere Stärke und Widerstandsfähigkeit erhöhen. Indem Sie Ihre Kompetenzen nach und nach erweitern, widerlegen Sie nach und nach all die Prägungen und Annahmen, die Ihnen bisher vorgeschrieben haben, was Sie tun können und was nicht. Was Sie von nun an tun und *wie* Sie es tun, hängt ganz allein von Ihnen ab, von Ihrer Lebenssituation und von Ihren Vorlieben und Wünschen.

Einige Vorschläge sind:

- **alleine reisen:** Hierbei handelt es sich um eine besonders einschüchternde, aber auch um eine der lohnendsten und erfüllendsten Erfahrungen. Nur wenige Aktivitäten erfordern von Ihnen so sehr das (oft spontane) Erlernen neuer Fähigkeiten, wie es das Reisen tut. Zu wissen, was Sie einpacken müssen, sich zu überlegen, wie Sie sich zeitlich organisieren, was Sie tun wollen und für wie lange, gezwungen zu sein, kreativ zu kommunizieren, neue Kulturen und Lebensweisen kennenzulernen ... die Liste ließe sich beinahe endlos fortsetzen. Wenn Sie alleine in ein fremdes Land reisen und sich in unvertraute Situationen begeben, wird Ihr praktischer Verstand gezwungen sein, sich anzupassen wie noch nie zuvor. In der gleichen Weise wird Ihr wahres Selbst auf völlig neue Weise angeregt. Die Erfahrung wird Sie daran erinnern, wie es ist, die Welt mit neuen Augen zu sehen.

- **eine Sprache lernen:** Eine neue Sprache zu erlernen ermöglicht Ihnen, sich auf völlig neue Weise auszudrücken. Je fließender Sie eine Sprache beherrschen, umso mehr wird sich auch Ihre Denkweise verändern, genauso wie die Art, in der Sie sich selbst betrachten. Ihre Identität wird sich entwickeln und Ihr Selbstvertrauen wird zunehmen. Natürlich kann es hilfreich sein, für eine Weile in dem Land zu leben, dessen Sprache Sie erlernen, doch auch von zu Hause ist das Lernen möglich. Unzählige Sprach-Apps, die Sie noch heute herunterladen können, wollen Ihnen dabei helfen. Sie können anfangen, bewusst fremdsprachige Musik zu hören, Filme zu schauen oder Zeitungen und Bücher zu lesen. Suchen Sie sich eine Kultur aus, auf die Sie wirklich neugierig sind. Dann fangen Sie an, an Ihrer Fähigkeit zu arbeiten. Nach einer Weile werden Sie bemerken, wie Sie der fließenden Beherrschung immer näher kommen.

- **Kampfsport:** Kampfkunst ist ein hervorragender Weg, um Geist und Körper zu vereinen. Gerade für diejenigen von uns, die es nicht gewohnt sind, ihre eigene Kraft zu spüren, kann Kampfsport dazu dienen, das Selbstwertgefühl zu stärken und zu erleben, wozu wir wirklich in der Lage sind.

- **Kochkurse:** Kochen zu lernen ist, besonders für die weniger Erfahrenen auf dem Gebiet, zugleich eine Fähigkeit als auch eine Form der Selbstliebe. Schon die Beherrschung einiger weniger Gerichte kann uns sehr weit bringen.

- **Wein- oder Whiskey-Verkostungen:** Alkohol wirklich zu schätzen, indem man sich mit seiner Geschichte und mit der dahinterliegenden Theorie beschäftigt, kann, ebenso wie die Fähigkeit, das neu erlernte Wissen mit verschiedenen Weinen und Whiskeys in Verbindung zu bringen, eine gewisse Kultiviertheit in Ihr gesellschaftliches Leben bringen. Betrinken kann sich jeder. Getränke wirklich *verstehen* tun nur wenige.

- **Psychologie- und Philosophiebücher lesen:** Literatur zu relevanten Themen wie Scham und Verletzlichkeit, Schopenhauers „Die Welt als Wille und Vorstellung", Paulo Coelhos „Der Alchemist" ... eine unüberschaubare Anzahl von Büchern wartet nur darauf, von Ihnen entdeckt zu werden. Ein gutes Buch erweitert Ihre Perspektive und kann Ihnen einen neuen Sinn von Anerkennung für die greifbare Welt und die Welt des Geistes vermitteln.

- **technologische Fähigkeiten:** Für diejenigen, die nicht mit dem Feld der Technologie vertraut sind, kann es sich wie ein abgeschlossener Bereich anfühlen, der nur für Nerds und Programmierer zugänglich ist. In Wahrheit können Ihnen jedoch schon einfache Schritte, etwa ein grundlegender Website- und Programmierkurs oder das Erlernen des Zehnfingerschreibens, einen Zugang zu dieser Welt und ihrem „Handwerk" verschaffen. Sie könnten überrascht sein, wie viel Kreativität und Vorstellungskraft erforderlich sind, um IT-Landschaften zu gestalten.

- **Fotokurse und -workshops:** Lernen Sie, die Welt um sich herum neu zu sehen und in Bildern einzufangen. So gut wie jeder schießt heutzutage Smartphone-Fotos; fast niemand versteht allerdings die Kunst, die hinter guten Fotos steckt.
- **ein Instrument erlernen:** Wie bereits in Übung zwei erwähnt, sorgt das Erlernen eines Instruments nicht nur dafür, dass wir uns besser ausdrücken können, sondern erweitert auch das Arsenal unserer Fähigkeiten. Das Internet bietet zahllose Video-Kurse und sonstige Ressourcen an, mit denen sich die Grundlagen erlernen lassen. Vielleicht lernen Sie, Ihr Lieblingslied auf einem Instrument zu spielen, und erschließen es sich dadurch auf völlig neue Weise.
- **Sport machen:** Alle Fähigkeiten, die eine Sportart erfordert, lassen sich erlernen und trainieren. Sport erlaubt es Ihnen, Spaß mit Disziplin und mit der Stärkung Ihres Selbstwertgefühls zu kombinieren.

Ganz allein im Freien zu stehen, in absoluter Dunkelheit, ohne jemanden, der einem sagt, wohin man gehen soll, und trotzdem seinen Weg finden zu müssen, ist eine der einschüchterndsten Erfahrungen, die ein Mensch machen kann. Trotzdem sollten Sie realisieren: Es liegt komplett in Ihrer Macht, jemand zu werden, der solche Situationen nicht nur aushält, sondern sie willkommen heißt.

Während Sie ein immer breiteres Spektrum an Kompetenzen und Fähigkeiten in Ihrem Leben entwickeln, werden Ihre Leistungsfähigkeit und Ihr Selbstwertgefühl gestärkt. Langsam, aber sicher werden Sie entdecken, dass irgendwo in Ihrem Inneren ein schier unerschöpflicher Quell an Energie und Weisheit existiert. Das praktische *Erfahren* von Selbstvertrauen wird den Prozess für Sie realer machen und Ihnen *neues* Selbstvertrauen verschaffen. Irgendwann werden Sie feststellen, dass Sie es sich plötzlich zutrauen, neuen Herausforderungen entgegenzutreten und sie zu meistern. Übungen eins und zwei bilden die Grundlage dafür. Eine neue Fähigkeit zu erlernen erfordert Geduld und sowohl physisches als auch emotionales Durchhaltevermögen. Sie werden Tage haben, an denen sich Ihre Fähigkeiten nicht so entwickeln, wie Sie es sich vorgestellt haben, und an denen Sie Gefühle von Scham, Frustration und Wertlosigkeit aushalten müssen. *Trotzdem* weiterzumachen und sich daran zu gewöhnen, auch in emotionalen Stürmen zu entscheiden und zu handeln, ist der Weg, durch den Sie Ihre Übungen zum Erfolg führen werden.

Die Beherrschung neuer Fähigkeiten ist sowohl ein bewusster als auch ein unbewusster Akt. Jede Stunde, die Sie bewusst in Ihre persönliche Entwicklung auf einem bestimmten Feld investieren, wird wie auf einem unsichtbaren Taschenrechner aufsummiert. Bevor Sie Ihren Fortschritt überhaupt realisieren, werden Sie manchmal unerwartet feststellen, dass Sie bereits erhebliche Kompetenzen entwickelt haben. Es ist stets eine angenehme Überraschung, von der Erkenntnis „überfallen" zu werden, dass Sie nicht mehr dort sind, wo Sie noch vor Kurzem waren. Solche Momente, in denen Sie bemerken, wie weit Sie auf Ihrem Weg bereits vorangekommen sind, werden Sie ermutigen und dazu anspornen, noch weiter zu gehen. Während sich die Nebel von Scham und Zweifel langsam auflösen, werden Sie Ihr eigenes Wachstumspotenzial klarer und klarer sehen können. Es gibt kaum einen besseren Weg, um Ihre Schamtoleranz zu erhöhen, als Ihre *Fähigkeiten* auszubauen. Kompetenzen zu entwickeln bedeutet, Ihre Grenzen und Beschränkungen herauszufordern, immer und immer wieder. Die Erfahrung erlaubt Ihnen, „menschlicher" zu sein, indem Sie Ihre Grenzen leichter akzeptieren und zugleich stärker als zuvor an Ihre eigene Kraft zu glauben, indem Sie Ihr inneres Potenzial erkennen. Für den einmal angestoßenen Wachstumsprozess gibt es kein Ende. Er führt Sie einfach immer tiefer.

Übung vier: Lassen Sie die Muskeln spielen

Finde einen sicheren Standort für deine Füße, dann halte ihn.
- Abraham Lincoln

Ähnlich wie vor einem Grippevirus können wir uns auch davor schützen, Opfer von Narzissten zu werden, indem wir uns „impfen". Ganz richtig: Um unsere Narzissmus-Resistenz zu erhöhen, müssen wir uns *selbst* eine Dosis Narzissmus injizieren.

Keine Sorge: Dabei sind keine Nadeln involviert. Auch müssen Sie nicht befürchten, hierdurch eine narzisstische Persönlichkeitsstörung zu entwickeln. Ihre biologischen Voraussetzungen sind schlichtweg nicht dafür geeignet. Sie sind mit der Fähigkeit gesegnet, Scham und Schuldgefühle zu empfinden. Wenn wir uns die „Hardware", die uns das Fühlen dieser Emotionen ermöglicht, wie eine Chipkarte in unserem Kopf vorstellen, wäre dort bei einem Narzissten nur ein leerer Steckplatz. Für Sie aber gilt: Sie werden nicht zu einem voll entwickelten Narzissten werden, nur weil Sie einige Elemente von Narzissmus in Ihr Leben bringen. Solange Sie mit Ihren Gefühlen in Verbindung bleiben, bleiben Sie in Ihrem Fundament verankert. Erinnern wir uns daran, dass Narzissmus nicht entweder voll oder gar nicht, sondern entlang eines Kontinuums existiert. Auch wenn wir uns auf der Skala mal in die eine und mal in die andere Richtung bewegen, können wir immer wieder ins Zentrum zurückkehren.

Wie gezeigt wurde, sorgt die permanente Vermittlung von Schamgefühlen durch einen Narzissten dafür, dass die Zielperson sich irgendwann selbst als wertlos und inkompetent betrachtet. Dies führt zu einem Mangel an Vertrauen in die eigene *Grandeur*, außer in solchen Fällen, in denen die Zielperson in einen Zustand der Dissoziation oder in ihre Fantasien flieht. Auf gesunde Weise mehr „Platz" einzufordern und in der realen Welt mit ihrer „Besonderheit" hervorzustechen ist für die Zielperson ein fremdartiges Konzept, da sie diese „Privilegien" normalerweise für andere reserviert. Das Gegenmittel? Fangen Sie an, selbst ein bisschen narzisstischer zu sein. Hören Sie auf, sich lediglich *vorzustellen*, Sie seien besonders. Fangen Sie an, danach zu *leben*. Anfangs werden Sie sich vielleicht exponiert und ängstlich fühlen, da Ihnen Widerstand entgegenschlagen wird, doch mit der Zeit werden Sie sich daran gewöhnen. Wenn Sie sich unwohl und „unnatürlich" fühlen, fragen Sie sich: Was könnte natürlicher sein, als genau das zu verwirklichen und auszuleben, was das Leben für Sie vorgesehen hat? Übungen eins bis drei dienen dazu, Ihnen eine realistischere Sichtweise auf sich selbst zu ermöglichen und Ihr Selbstwertgefühl auf ein Niveau zu steigern, auf dem es *eigentlich* liegen sollte. Die Art und Weise, in der Sie mit Ihrer Umwelt in Verbindung treten, sollte eine konsequente Fortführung Ihrer inneren Erkenntnisse sein.

Sei besonders, aber fair

Voll ausgeprägter Narzissmus ist im Grunde fehlentwickelte Grandiosität. Er ist wie eine Sucht nach Grandiosität, die sich daraus speist, andere herabzuwürdigen. Wenn Sie Ihre *Grandeur* jedoch zusammen mit *Respekt* kanalisieren, können Sie damit einen positiven Beitrag zu der Welt leisten, in der wir leben. Zwar sind auch Sie nur ein menschliches Wesen mit Schwächen und Beschränkungen, aber Sie sind eben *auch* von Natur aus besonders. In Ihnen liegt die Fähigkeit, Unglaubliches zu schaffen, und Sie haben jede Erlaubnis, genau dies auch zu tun.

Kaum etwas ist so angenehm wie die Begegnung mit einem Menschen, der Bescheidenheit und Menschlichkeit verkörpert und zugleich zutiefst davon überzeugt ist, besonders zu sein. Im Grundsatz ist überhaupt nichts falsch daran, sich selbst zu lieben und über ein ausgeprägtes Selbstwertgefühl zu verfügen. Gefährlich wird die Sache erst, wenn sich jemand für ein gottgleiches Wesen hält, das das Recht hat, alle anderen wie Gegenstände zu behandeln. Solange Sie den Unterschied zwischen *Grandeur* und Grandiosität im Kopf behalten, können Sie:

- **an die Öffentlichkeit gehen:** Sagen Sie öfter Ihre Meinung. Bieten Sie an, auf der Arbeit eine Präsentation zu halten. Teilen Sie die Ergebnisse Ihrer kreativen Arbeit mit der Welt. Veranstalten Sie eine Geburtstagsfeier oder eine Hausparty. Wann immer es dabei zu „Reibungen" mit der Welt oder anderen Menschen kommt: Seien Sie für Impulse von außen offen. Hören Sie zu, nehmen Sie, soweit erforderlich, Anpassungen vor und machen Sie einfach weiter. Stellen Sie sich den Prozess als Ihren persönlichen, positiven Beitrag zu Ihrer Umwelt vor. Wenn Sie dabei bescheiden bleiben und die Leben anderer bereichern, indem Sie ihnen echte Wertschätzung entgegenbringen, wird Ihr Umfeld Ihr Verhalten honorieren.

- **die Kontrolle übernehmen:** Überlassen Sie es nicht mehr ständig anderen, die Planung und die Verantwortung für gemeinsame Aktivitäten zu übernehmen. Machen Sie *selbst* einen Vorschlag für ein Restaurant zum Abendessen oder planen Sie den Abend gleich komplett alleine durch. Übernehmen Sie die Führung. Der Grat zwischen Initiative und Kontrollsucht ist schmal. Finden Sie ihn. Machen Sie sich bewusst, für wen Sie planen, und suchen Sie nach gemeinsamen Interessen, die alle Beteiligten mit einbeziehen. Selbstbewusste Stärke, kombiniert mit Einfühlungsvermögen, ist eine Bereicherung für jede Beziehung. Das Gleiche gilt für die Fähigkeit, sich in einer Weise durchsetzen zu können, die das Leben anderer Menschen besser macht. Andere fühlen sich in der Gegenwart eines solchen Menschen instinktiv sicher. Seien Sie diese Präsenz.

- **große Träume haben:** Machen Sie sich Gedanken über Dinge, die Ihre Leidenschaft wecken, und suchen Sie nach Wegen, um Ihre Ideen zu verwirklichen. Seien Sie nicht kleinlaut und verlegen. Sie träumen große Träume, weil Sie in Ihrem Inneren großartig *sind*. Auch wenn Ihnen die Aufgabe manchmal überwältigend erscheint: Geben Sie nicht auf. Finden Sie den kleinsten möglichen Schritt, der in die richtige Richtung führt, und gehen Sie ihn. Wiederholen Sie das Ganze, Tag für Tag. Je mehr Zeit Sie investieren, umso greifbarer wird sich der Traum vor Ihnen manifestieren. Nehmen Sie Rückschläge und Hindernisse zur Kenntnis, dann suchen Sie nach Wegen, um diese zu überwinden. Groß zu träumen und dann täglich kleine Schritte in die entsprechende Richtung zu unternehmen ist die beste Art, um einen „Abdruck" in der Welt zu hinterlassen. Es kommt nicht darauf an, was genau es ist, das Sie vorantreibt: Solange Sie mit Ihrem wahren Selbst in Verbindung bleiben, werden Sie in sich alle Ressourcen finden, die Sie benötigen, um Ihren Instinkten zu folgen und auch ohne ständige Bestätigung von außen auszukommen.

- **ein gesundes Anspruchsdenken entwickeln:** Fangen Sie an, zu glauben, dass Sie es *wert* sind, gute und besondere Dinge zu erfahren. Nehmen Sie sich das letzte Stück Kuchen (irgendjemand muss es schließlich tun). Entschuldigen Sie sich weniger für Kleinigkeiten. Seien Sie nicht vorschnell diejenige Person, die sich an die Wand drückt, wenn jemand Ihnen in einem engen Flur entgegenkommt. Sprechen Sie ein wenig lauter. Blicken Sie anderen in die Augen. Die Welt, die Sie mit dem Rest der Menschheit teilen, ist auch *Ihre* Welt.

Wenn das Entwickeln neuer Fähigkeiten (Übung drei) Sie bereits mit Ihren Schamgefühlen konfrontiert hat, wird sich die vorliegende Übung im Vergleich wie ein Sprung ins kalte Wasser anfühlen. Es ist eine Sache, in der relativen Sicherheit des Privaten die eigenen Grenzen herauszufordern. Es ist eine völlig andere, an die Öffentlichkeit zu treten und sich der Kritik anderer Menschen auszusetzen. Ein Kunstwerk zu erschaffen und es mit anderen zu teilen bedeutet, die Welt dazu einzuladen, Ihr Herz und Ihre Seele zu betrachten. Das Wort zu ergreifen und aus der Masse hervorzustechen kann anderen sauer aufstoßen, besonders Narzissten. Nicht zu vernachlässigen ist auch das Risiko, dass alte Lebenswunden wieder aufbrechen. Das eigene, wahre Selbst zur Schau zu stellen, sich beurteilt und gelegentlich auch zurückgewiesen zu fühlen, ist ohne Zweifel schmerzhaft. Scham kann sich in solchen Situationen leicht überwältigend anfühlen. Der Trick besteht darin, sich auf seinem persönlichen Weg langsam vorzufühlen und den Mut nicht zu verlieren. Es hilft auch, in Momenten der Verletzlichkeit und des „Ausgeliefertseins" auf Übung eins (Verbündete finden) zurückzugreifen. Sich von der Masse abzuheben und in der realen Welt Verletzlichkeit zu zeigen ist einfacher, wenn Sie sich auf die Unterstützung und auf das Verständnis der Leute verlassen können, die in Ihrer „Boxringecke" stehen und die Ihnen den Rücken stärken. Ihre Verbündeten können Sie auf behutsame Weise wissen lassen, wenn Sie zu weit gegangen sind. Sie können Sie daran erinnern, dass diese eine Sache, für die Sie sich besonders schämen, eigentlich gar nicht allzu schlimm ist. Verbündete haben die Fähigkeit, Sie auf ihre ganz eigene Art anfeuern und zu ermuntern, wenn es darauf ankommt. Ihre Alliierten können Ihnen eine ausgewogene Perspektive und die Unterstützung geben, die Sie benötigen, um die genannten Praktiken so lange durchzuhalten, bis diese für Sie selbstverständlich werden. Sie können mit sanftem Druck zur Stelle sein, wenn Sie auf Ihrem Weg des Wachstums schwierige Zeiten durchmachen. Mit Verbündeten an Ihrer Seite werden Rückschläge und Herausforderungen Sie nicht einfach aus der Bahn werfen. Sie werden keine Ausreden benötigen, weil Sie einen Pakt mit dem Leben selbst geschlossen haben. Egal, welche Hindernisse sich Ihnen in den Weg stellen: Sie wissen, dass Sie lediglich genau das tun, wofür Sie in diese Welt gekommen sind.

Ziehen Sie aus und bezwingen Sie ... Ihre Scham

Ein gesundes Maß an Narzissmus zu entwickeln wird Ihnen schwerfallen, solange Sie noch nicht davon überzeugt sind, dass Sie besonders sind. Sobald Sie diese Überzeugung jedoch immer weiter integrieren, werden Sie realisieren, dass Sie wirklich grenzenlos besonders sind. Sie werden anfangen, zu begreifen, dass ein großer Teil der Scham, die Sie zuvor empfunden haben, überhaupt nicht nötig war und lediglich dafür gesorgt hat, Sie in einem psychologischen Käfig gefangen zu halten. Ebenso werden Sie erkennen, dass wir in einer Welt leben, in der alles, was wir brauchen, im Überfluss vorhanden ist. Besonders zu sein bedeutet also nicht, andere herabzuwürdigen oder sich wie ein narzisstisches Arschloch aufzuführen. Der Weg, den Sie eingeschlagen haben, dient dazu, auf gesunde Weise Ihren gerechten Anteil einzufordern. Sobald Sie anfangen, sich auf diese Weise zu behaupten, wird der Narzisst Sie nicht mehr als ein „Schaf" ansehen, das er kontrollieren kann, sondern als jemanden, den er fürchten muss. Der Rest der Welt wird Ihnen fortan mit mehr Anerkennung begegnen.

Übung fünf: Für Ausgleich sorgen

Ich fühle mich schön, wenn ich mit mir selbst im Frieden bin. Wenn ich heiter und gelassen bin, wenn ich ein guter Mensch bin, wenn ich anderen gegenüber rücksichtsvoll und aufmerksam gewesen bin.

- Elle Macpherson

Eine Beziehung mit einem Narzissten basiert auf einem grundsätzlichen Ungleichgewicht. Seine Pläne haben immer Priorität gegenüber den Ihrigen. Im Gespräch gibt seine Meinung Ton und Richtung vor. Sobald Sie einmal versuchen, Ihren Einfluss geltend zu machen, laufen Sie beim Narzissten gegen eine Wand. Solange Ihr Vorschlag nicht seinen eigenen Interessen dient, lautet seine Antwort: Nein.

Ihre lebenslange Mission besteht darin, Beziehungen zu kultivieren, die von Ausgeglichenheit geprägt sind. Diese Fähigkeit zu entwickeln erfordert Zeit. Falls Sie bisher einen großen Teil Ihres Lebens in der Gesellschaft von Narzissten verbracht haben, haben Sie vielleicht den Blick dafür verloren, wie ein Gleichgewicht in einer Beziehung eigentlich aussieht. Vielleicht sind Sie schon eine ganze Weile lang die Art von Person gewesen, die immer „Ja" sagt. Vielleicht haben Sie in Ihrem Inneren bestimmte Rituale entwickelt, um es sich nicht allzu nahegehen zu lassen, wenn der Narzisst regelmäßig „Nein" zu Ihnen sagt. Vielleicht hören Sie anderen stundenlang geduldig, still und einfühlsam zu, wenn diese Ihnen von ihren Problemen erzählen, aber wenn Sie selbst einmal Ihre Meinungen oder Probleme teilen wollen, ernten Sie nur leere Blicke oder eine abweisende Bemerkung. In diesem Fall besteht ein Missverhältnis in Ihren Beziehungen, das Sie korrigieren sollten.

Das emotionale Investment-Missverhältnis

Wenn Sie nicht darauf achten, führt die Weigerung eines Narzissten, sich verletzlich zu zeigen, zu einem Missverhältnis zwischen dem emotionalen Investment, das *Sie* in die Beziehung einbringen, und demjenigen, das *er* (nicht) in die Beziehung einbringt. Narzissten halten es nicht für nötig, die Emotionen anderer zu spiegeln. Schließlich würde dieser Akt erfordern, dass sie mit ihrem wahren Selbst in Verbindung treten. Stattdessen zwingt der Narzisst ausschließlich *Sie*, permanent *sein* falsches Selbst zu spiegeln, also sich an seine Forderungen und Verhaltensweisen anzupassen. Wenn zwei Menschen auf normale Weise miteinander in Beziehung treten, passt die zuhörende Person ihre emotionale Intensität an die des anderen Menschen an, um auf diese Weise limbische Resonanz zu erreichen. Wenn Sie hingegen mit einem Narzissten in Verbindung treten wollen, erhalten Sie von ihm keinerlei emotionales Feedback. Bei vielen Menschen führt dies dazu, dass sie umso mehr versuchen, durch immer neue Anstrengungen irgendwie mit ihrer Botschaft zum Narzissten „durchzudringen". Anstatt jedoch sein wahres Selbst in die Unterhaltung einzubringen, wird der Narzisst versuchen, alle emotionalen Inhalte Ihrer Botschaft auszublenden und zurückzuweisen. Statt sich auf Ihre „Frequenz" einzustellen, wird er versuchen, Ihre Worte zu analysieren, die Unterhaltung auf ein von ihm geschaffenes „logisch-rationales" Feld zu ziehen, seine eigene Sichtweise zur dominanten Perspektive zu machen und Ihre Gefühle „wegzuargumentieren". Bevor Sie überhaupt wissen, was passiert ist, hat sich das Blatt gewendet und Sie sind plötzlich wieder dabei, die Wahrnehmungs- und Verhaltenswelt des Narzissten zu spiegeln.

Dieses emotionale Investment-Missverhältnis kann sich schädlich auf die Zielperson auswirken. Möglicherweise gewöhnt sie sich daran, emotionale Resonanz als eine knappe Ressource anzusehen, und fängt an zu glauben, dass man nur dann Gehör bei anderen finden und Aufmerksamkeit bekommen kann, wenn man durch Zwang und Manipulation „in ihren Kopf" gelangt. Wenn Sie lange genug mit einem Narzissten zusammenleben, wird das Muster für Sie irgendwann zur Gewohnheit. In diesem Fall wird ein emotionales Investment-Missverhältnis zu etwas, das Sie in einer Beziehung *erwarten* und als normal ansehen. Wenn Sie mit einer solchen Prägung mit einem anderen Menschen ein Gespräch beginnen, werden Sie gewohnheitsmäßig Ihre emotionale Intensität erhöhen, ohne dem anderen die Gelegenheit zu geben, sich Ihrem Level anzupassen. Sie bedienen sich bewusst oder unbewusst einer Methodik, die Sie im

Umgang mit Narzissten gelernt haben. Sie versuchen, mit Ihren emotionalen Inhalten so schnell wie möglich zu Ihrem Gegenüber durchzudringen, bevor dieses, wie Sie es vom Narzissten kennen, seine Verteidigungsmechanismen aktivieren und Ihre Emotionen zurückweisen kann. Das Problem damit, Ihre emotionale „Strahlenkanone" permanent auf voller Stärke abzufeuern, besteht darin, dass Sie anderen keinen Raum lassen, um mit Ihnen eine echte Verbindung herzustellen oder Resonanz zu erreichen.

Eine von Gleichgewicht geprägte Verbindung kann nur zustandekommen, wenn:

- der Sprechende die Inhalte seiner Erzählung in einer Weise portioniert, die es seinem Zuhörer erlaubt, die einzelnen Bestandteile der Botschaft zu begreifen und eine emotionale Verbindung mit ihnen aufzubauen,
- der Zuhörer nicht nur darauf wartet, selbst sprechen zu dürfen, sondern seine eigenen Meinungen und Gedanken zurückhält, die Intention des Sprechers auf sein wahres Selbst wirken lässt und dem Sprecher genügend Zeit und Freiraum einräumt, um sich wirklich ausdrücken zu können,
- der Sprechende es dem Zuhörer ermöglicht, sich einzubringen und Rückfragen zu stellen, um die Intention des Sprechenden besser zu verstehen,
- sich sowohl der Sprechende als auch der Zuhörer der emotionalen Dimension des Gespräches bewusst sind und beide die emotionale Intensität gemeinschaftlich ausbalancieren.

Hierbei sollte nicht vergessen werden, dass der Akt des Sprechens und der Akt des emotionalen Investierens nicht automatisch das Gleiche sind. Ein Narzisst kann sehr lange ohne jede

Unterbrechung reden, ohne dabei wirklich Verletzlichkeit in den Austausch einzubringen. Er benutzt dabei sein falsches Selbst als eine Art Nebelkerze, um einen Vorhang zu erschaffen, der sein wahres Selbst verschleiert. *Wirkliche* emotionale Investition ist spürbar. Nehmen wir zum Beispiel an, Sie erzählen jemandem, dass Ihr Haustier vor Kurzem gestorben ist. Die Tatsachen des Vorfalls sind eine Sache; der Ausdruck Ihrer Trauer, die auf einer tieferen Ebene hinter der Geschichte „mitschwingt", ist eine völlig andere. Genauso ist es etwas anderes, ob Ihr Zuhörer lediglich höflich und „mechanisch" auf die Erzählung reagiert oder ob er sich für Ihre Trauer öffnet und sie mitfühlt. Nach einem Gespräch können Sie sich entweder fühlen, als wären Sie wirklich verstanden worden, oder aber, als hätte Ihnen niemand richtig zugehört, selbst wenn Sie vordergründig eine „korrekte" Reaktion erhalten haben. Letztendlich geht es in einem solchen Fall nicht um den Inhalt, sondern um die *Emotionen* hinter der Geschichte.

Sollten Sie feststellen, dass sich Ihr Gesprächspartner regelmäßig weigert, die Intensität Ihres emotionalen Investments zu akzeptieren und sich darauf einzustellen, selbst nachdem Sie ihm genügend Raum dafür gegeben haben, oder dass er immer wieder versucht, die Konversation an sich zu reißen, ist es am besten, den Austausch zu beenden. Die Abwesenheit eines ausgeglichenen gegenseitigen „Spiegelns" führt lediglich zu neuen Schamgefühlen.

Die emotionale Investment-Falle

Ein Narzisst will, dass Sie in ihn und die Beziehung mit ihm verstrickt und investiert bleiben. Er wird versuchen, Sie in einem Kreislauf gefangen zu halten, in dem Sie sich permanent um seine Gunst und seine Aufmerksamkeit bemühen. Er wird dafür sorgen, dass Sie trotz aller Anstrengungen in Ihren Erwartungen enttäuscht werden und sich daher beim nächsten Mal *umso mehr* bemühen, ihm zu gefallen. Mit der Zeit zermürbt dieser Zyklus Ihr Selbstwertgefühl und führt zu einem Zustand, in dem Sie einen regelrechten Hunger nach Liebe und nach Zuneigung verspüren. Empathie, Zuhören, Verständnis und all die anderen Arten, in denen wir einander unsere Liebe zeigen, werden Ihnen vorenthalten. Empfänger solcher „Segnungen" zu sein verleiht uns neue Kraft. Ihre permanente Abwesenheit erschöpft hingegen unsere Energievorräte. So wie der Körper zum Leben Luft und Nahrung braucht, benötigt unser wahres Selbst Liebe und Zuneigung, um sich zu entfalten. Auch der Narzisst lebt in gewisser Weise von diesen Zuwendungen, allerdings auf eine andere Art und Weise. Ihre emotionale Investition in ihn verschafft seinem Ego einen Schub und liefert ihm narzisstische Versorgung. Dabei spielt es keine Rolle, ob Sie ihm Mitgefühl entgegenbringen oder Ihre Emotionen in ihn investieren, indem Sie sich gegen etwas Verletzendes zur Wehr setzen, das er über Sie gesagt hat. Solange Sie auf irgendeine Weise in den Austausch mit ihm *involviert* bleiben, liefern Sie ihm seine narzisstische Versorgung, von der er nie genug bekommen kann.

Sobald der Narzisst bemerkt, dass Sie das Interesse an ihm verlieren, wird er versuchen, Sie wieder „an die Angel" zu bekommen, indem er seinen Charme einsetzt und Zuneigung vortäuscht. Er wird Empathie und Verständnis heucheln, um in Ihnen die Hoffnung zu wecken, dass es tatsächlich möglich ist, so etwas wie ein Gleichgewicht in Ihrer Beziehung herzustellen. Wenn das nicht funktioniert, wird er versuchen, künstlich Drama zu kreieren, um Sie auf diese Weise emotional zu beschäftigen und einzuwickeln. Vielleicht behauptet er plötzlich, Sie hätten sich in letzter Zeit sehr distanziert verhalten und seien ständig mental abwesend gewesen. Vielleicht macht er sich subtil über Sie lustig. In dem Moment, wo Sie auf seine Provokationen reagieren und sich wieder emotional engagieren, kann er damit weitermachen, Sie für seine narzisstische Versorgung „auszusaugen". Genau darin liegt die Falle.

Sie sollten anfangen, die Sache realistisch zu sehen. Es ist nahezu unmöglich, ein emotionales Gleichgewicht in einer Beziehung mit einem Narzissten herzustellen. Die Suche danach ist wie die Suche nach einer Quelle in der Wüste: Es mag sie geben, doch Sie wären besser beraten, frisches Wasser an einem anderen Ort zu suchen als zwischen endlosen Sanddünen und in sengender Hitze. Der beste Weg, um ein emotionales Gleichgewicht in Ihrem Leben wiederherzustellen, besteht darin, *Menschen zu finden, die zu einem ausgeglichenen emotionalen Investment in Beziehungen bereit und in der Lage sind.* Indem Sie mehr Zeit mit Menschen dieser Art verbringen, wird es Ihnen immer leichter fallen, zwischen Narzissten auf der einen Seite und Menschen mit einem gesunden Sinn für Scham und Empathie auf der anderen Seite zu unterscheiden. Sobald die Unterscheidung Ihnen vollends klar geworden ist, wird sie Ihnen wie der Unterschied zwischen Tag und Nacht vorkommen. Jemand, der lange Zeit in Dunkelheit verbracht hat, kann allzu leicht vergessen, wie Tageslicht aussieht.

Die Humor-Falle

Ein Narzisst setzt Humor ein, um andere zu kontrollieren. Er lacht zum Beispiel über eine Ihrer ganz normalen Bemerkungen, nur um Sie dazu zu bringen, mitzulachen. Das Ganze ist ein Spiel mit dem Namen „Wenn ich lache, lachst du auch." Man kann das

Ganze leicht als einen nervösen Tick abtun, weil es so oft auftritt und meistens ohne erkennbaren Anlass. Sie lachen mit, um höflich zu sein und weil Sie meinen, dass soziale Normen es von Ihnen verlangen, auch wenn Sie eigentlich gar nicht finden, dass das, was der Narzisst gesagt hat, wirklich witzig ist.

Narzissten setzten ihren Humor oft ein, um Spott darin zu verbergen. Indem sie ihre Bemerkungen scheinbar spielerisch platzieren, oft vor einer ganzen Gruppe, fühlt die Zielperson sich genötigt, mitzulachen. Wenn Sie diese Dynamik jedoch zu lange mitmachen, fangen Sie irgendwann an, *sich selbst* herunterzuspielen und in der Gegenwart des Narzissten regelmäßig über Scherze zu lachen, die auf Ihre Kosten gehen. Mit der Zeit werden Sie auf diese Weise dazu konditioniert, sich selbst schlechtzureden und sich nicht mehr zu wehren, wenn andere Sie niedermachen.

Die Lösung ist ganz einfach: Lachen Sie nicht mehr mit. Die Sprüche und Bemerkungen des Narzissten sind nicht komisch. Niemand zwingt Sie, immer dann zu lachen, wenn andere lachen, ganz besonders dann nicht, wenn sich jemand über Sie lustig macht. Selbstverständlich steht es Ihnen frei, mitzulachen, wenn in einer bestimmten Situation das Austauschen von Sprüchen und Scherzen zum guten Ton gehört. Geplänkel dieser Art können eine Freundschaft auflockern und „würzen". Im Umgang mit einem Narzissten aber hat derartiges Verhalten keinen Zweck. Dort geht es nicht um ein augenzwinkerndes Hin und Her von scherzhaften Bemerkungen, sondern um einen Wettbewerb, der Gewinner und Verlierer haben muss. Wenn die Scherze Ihres Gegenübers immer wieder auf Ihre Kosten gehen oder Ihnen bewusst wird, dass der Inhalt hinter den Witzen in Wirklichkeit schmerzhaft und herabwürdigend ist: Weigern Sie sich einfach, mitzulachen. Indem Sie nicht mehr mitlachen, entziehen Sie dem Narzissten seine Macht.

Die Unterhaltungs-Falle

Solange das gesamte „Energieaufkommen" einer Beziehung von der Zielperson eingebracht wird, braucht der Narzisst nicht viel zu sagen. Er kann ganz einfach abwarten und einen leeren Raum öffnen, bis die Zielperson den Drang verspürt, ihn zu füllen.

Viele Narzissten nutzen Unterhaltungen als Mittel, um andere zu kontrollieren. Dies fängt üblicherweise damit an, dass sich der Narzisst nach Ihrem Leben erkundigt, Sie fragt, wie es Ihnen geht, und wissen will, wie es bei Ihnen auf der Arbeit läuft. Sobald Sie jedoch den Köder schlucken und anfangen, sich wirklich in das begonnene Gespräch einzubringen, lenkt der Narzisst den Fokus der Unterhaltung schnell auf sich selbst und tut alles, um ihn auch dort zu behalten. Er begräbt Sie unter einem Schwall aus Worten und bombardiert Sie mit einer scheinbar endlosen Abfolge nur lose miteinander verbundener Konzepte, die so gut wie nichts mit Ihnen oder Ihrem Leben zu tun haben. Er redet viel, ohne viel zu sagen. Sie hingegen fangen an, sich gefangen zu fühlen. Sie sind zu höflich, um die Flut zu unterbrechen, doch Ihre Frustration und Verzweiflung nehmen immer weiter zu.

Ein Gespräch mit einem Narzissten vermittelt einem häufig das Gefühl, überhaupt nicht zu existieren. Alles, was eine solche Unterhaltung hinterlässt, sind Enttäuschungen und das Gefühl, benutzt worden zu sein. Ein Gespräch sollte eigentlich wie eine Art Sparring-Training sein: ein von gewissen Grundregeln bestimmtes Hin und Her auf einer fairen, ausgewogenen Grundlage. Die Beteiligten sollten sich das „Rampenlicht" teilen und der Schwerpunkt sollte auf gemeinsamen Interessen liegen. Die emotionalen „Investments" beider Seiten sollten sich in etwa die Waage halten. Ein gutes Gespräch kann das Herz erwärmen und die Seele stärken. Ein Gespräch mit einem Narzissten hingegen kann sich anfühlen, als werde man mit einem Maschinengewehr beharkt, das Worte schießt. Der Austausch mit ihm ist leer und erschöpfend. Gespräche dieser Art sollten unter allen Umständen so kurz wie möglich gehalten werden.

Übung sechs: Grenzen ziehen

Wir können uns zutrauen, zu bemerken, wenn unsere Grenzen überschritten werden.

- Melody Beattie

Hanna hatte schlimme Magenkrämpfe. Schon seit Wochen hatte sie jeden Tag 11 Stunden im Büro verbracht, doch ihr Chef gab ihr immer wieder neue Aufgaben. Man erwartete von ihr, Aufgaben, die normalerweise einen ganzen Tag erfordern würden, in wenigen Stunden zu erledigen und nebenbei noch diverse andere Tätigkeiten abzuarbeiten. Hanna war die Einzige in ihrem Unternehmen mit den erforderlichen Kompetenzen, daher akzeptierte sie die immer neuen Arbeitsaufträge ohne Widerstand. An den meisten Tagen legte sie keine Mittagspause ein und nahm ihre Mahlzeit direkt am Schreibtisch ein. Trotzdem fühlte sie sich ständig angespannt und ängstlich. Irgend-

wie gelang es ihr nie, mit der Fülle ihrer Aufgaben Schritt zu halten. Nüchtern betrachtet, erwartete man von ihr, mit nur einer Stelle die Arbeit von zwei Personen zu machen. Hanna fing an, schlecht zu schlafen, und fühlte sich zunehmend gereizt, wenn ihr Vorgesetzter wieder anfing, sie herumzukommandieren. Irgendwann fiel dem Leiter der Personalabteilung auf, dass es ihr nicht gut ging. Er schickte sie nach Hause, um sich zu erholen. Nach nur einem halben Urlaubstag schleppte sie sich am nächsten Tag wieder ins Büro. Der Schmerz in ihrem Magen hatte etwas nachgelassen, aber bereitete ihr noch immer Unwohlsein. Sie fühlte sich festgefahren – und sehr traurig.

Geschichten wie die von Hanna sind nicht ungewöhnlich. Das Schlimmste ist: In einer Situation wie dieser kann sich nichts zum Besseren verändern, solange die betroffene Person nicht den Mund aufmacht. Oft schweigen die Betroffenen aus dem Gefühl heraus, keine Wahl zu haben. Eine Angestellte mit einem gesunden Verständnis für *Grenzen* würde jedoch wissen, was zu tun ist. Sie würde die Signale ihres Körpers ernst nehmen, künftig darauf achten, die Regelarbeitszeit von acht Stunden nicht zu überschreiten, und Überstunden nur noch ausnahmsweise machen. Sie würde mittags eine Pause einlegen. Sie würde ihrem Vorgesetzten in klaren Worten mitteilen, wie lange sie für die Bewältigung bestimmter Aufgaben benötigt, und Aufgaben mit unrealistischen Fristen entweder ablehnen oder diese so lange aufschieben, bis die Arbeitsbelastung eine Bearbeitung zulässt. Möglicherweise würde sie, wenn nach einer Weile keine Verbesserungen abzusehen sind, der Unternehmensführung mitteilen, dass das aktuelle System nicht funktioniert und dass sie nicht bereit ist, sich für ein Unternehmen, das seine Angestellten nicht mit Respekt behandelt, aufzuopfern. Sie würde etwas *sagen*.

Wenn ein Narzisst Sie ins Visier genommen hat, erwartet er von Ihnen, dass Sie tun, *was* er von Ihnen verlangt und *wann* er es verlangt. Ihre „Rechte" oder „Grenzen" interessieren ihn nicht. Der Narzisst sieht in Ihnen ein Objekt, das er benutzen kann. Wenn er auf eine Party gehen will und möchte, dass Sie ihn begleiten, wird er so lange den Druck erhöhen, bis Sie nachgeben, völlig unabhängig davon, wie Sie sich fühlen. Wenn Sie sich schwach oder kränklich fühlen, wird er sich wünschen, dass Sie Ihren Zustand endlich in den Griff bekommen, damit Sie wieder tun können, was *er* von Ihnen will. Ein Narzisst freut sich, wenn er bemerkt, dass jemand in seinem Leben nicht entschlossen genug Grenzen zieht.

Der Narzisst erwartet von seiner Zielperson, dass sie sich für ihn öffnet wie ein Buch. Er will alles wissen, was Sie tun, denken oder fühlen. Er glaubt, einen Anspruch auf jeden kleinsten Anteil Ihres Seins zu haben. Nicht selten führt die Beziehung mit einem Narzissten dazu, dass es einem schwerfällt, zu sagen, wo man selbst endet und wo der Narzisst beginnt. Je länger die Dynamik anhält, umso schwieriger wird es, sich ihrer überhaupt bewusst zu sein.

Sind Sie jemand, der in seinem Alltag nur sehr schwache Grenzen zieht? Dann steuern Sie in Ihrem Leben auf Probleme zu. Diejenigen Menschen in Ihrem Umfeld, die Sie respektieren, werden Ihnen aus einem Gefühl der Fairness heraus gewisse Grenzen zugestehen, auch wenn Sie diese nicht aktiv einfordern. Trotzdem werden sich selbst Ihre Freunde vermutlich manchmal wünschen, Sie würden sich klarer ausdrücken, was für Sie in

Ordnung ist und was nicht. Zu viel Unklarheit mit Bezug auf die Grenzen anderer macht selbst taktvolle Menschen nervös.

Der Narzisst hingegen wird Ihr Verhalten als Einladung dazu ansehen, mit Ihnen umzuspringen, wie es ihm gefällt. Er ist daran gewöhnt, vorsichtig die Grenzen aller Menschen auszutesten, die ihm begegnen, und nach Möglichkeiten Ausschau zu halten, sie zu manipulieren. Er verhält sich dabei ein wenig wie ein Einbrecher, der in einem Gebäude von Tür zu Tür geht, bis er eine gefunden hat, die nicht verschlossen ist. Je weniger Widerstand Sie ihm entgegensetzen, umso stärker wird er sich in Ihr Leben drängen.

Etwas haben, für das es sich zu kämpfen lohnt

Eine offensichtliche Voraussetzung dafür, gesunde Grenzen zu ziehen, besteht darin, überhaupt etwas zu besitzen, das es wert ist, verteidigt zu werden. So wie man ein Stück Land erst einmal besitzen muss, bevor man einen Zaun darum ziehen kann, brauchen auch Sie erst eine stabile Selbstwahrnehmung, bevor Sie mit Ihrer persönlichen Grenzziehung beginnen können. Hierfür ist erforderlich, dass Sie jedes Mal, wenn Sie sich auf Ihr Innerstes konzentrieren, Frieden und Stärke spüren. Sie müssen in der Lage sein, mit etwas in Ihrem Inneren in Verbindung zu treten, das Ihnen ganz genau sagt, wer Sie sind. Übungen eins und zwei sind dazu ausgelegt, Ihnen hierbei zu helfen. Übung drei (neue Fähigkeiten entwickeln) wird bewusst aus diesem Kontext ausgeklammert. Der Grund ist folgender: Bei der Entwicklung einer gesunden Selbstwahrnehmung geht es nicht darum, was Sie *tun* können und über welche messbaren Fähigkeiten Sie verfügen. Es geht darum, eine tiefe und beständige

Verbindung mit Ihrem wahren Selbst aufzubauen, das Ihnen Ihre Identität verleiht.

Wenn ein Narzisst etwas von Ihnen verlangt, sollte Ihre erste Reaktion darin bestehen, in Ihrem Inneren nach einer angemessenen Antwort auf seine Forderung zu suchen. Stoßen Sie dabei lediglich auf Angst und Unruhe, fühlen Sie sich innerlich zerrissen oder von Ihrem wahren Selbst abgeschnitten, wird es sich für Sie vielleicht so anfühlen, als hätten Sie keine andere Wahl, als nachzugeben. Sie werden sich auf seine Forderung einlassen, obwohl Sie dabei ein erstickendes Gefühl der Verzweiflung spüren.

Verfügen Sie hingegen über ein ausreichend starkes Selbstgefühl, werden Sie sich in einer solchen Situation als Individuum mit legitimen Wünschen und Bedürfnissen begreifen. Haben Sie bereits ein solides Bewusstsein Ihrer eigenen Individualität entwickelt, werden Sie sich darüber im Klaren sein, dass Ihr innerer Zustand und Ihre Wünsche und Bedürfnisse in einem bestimmten Moment sich von denen einer anderen Person unterscheiden können – und dass dieser Umstand völlig in Ordnung ist. Versucht jemand zum Beispiel, Sie zu überzeugen, mit ihm in ein vietnamesisches Restaurant zu gehen, aber Sie haben schon am Vortag vietnamesisch gegessen und wünschen sich für heute etwas Deftigeres, so werden Sie wissen, dass der Vorschlag Ihres Gegenübers im Augenblick nicht der richtige für Sie ist. Wenn der Narzisst ungefragt Ihre Post öffnet, werden Sie wissen, dass er damit eine Grenze überschreitet, und es ihm in klaren Worten mitteilen. Wenn Ihr narzisstischer Vorgesetzter an einem Freitagabend spontan von Ihnen verlangt, eine neue Aufgabe bis 18:00 Uhr zu erledigen, aber Sie bereits geplant hatten, den Abend daheim mit Ihrer Familie zu verbringen, werden Sie wissen, dass die Zeit gekommen ist, den Mund aufzumachen.

Sie sind ein Individuum. Nur Sie wissen, was zu einem bestimmten Zeitpunkt richtig für Sie ist. Ihr Zustand kann und wird sich gelegentlich von den Zuständen der Menschen in Ihrer Umgebung unterscheiden. Falls Sie in einer Weise großgezogen wurden, bei der es Ihnen nicht erlaubt war, persönliche Grenzen zu ziehen, so war dies, deutlich gesprochen, Missbrauch. Leben Sie auch jetzt noch in Beziehungen, in denen Ihnen nicht das Recht eingeräumt wird, für sich selbst zu sprechen, so ist auch dies missbräuchlich. Die Möglichkeit, persönliche Grenzen zu ziehen und aufrechtzuerhalten, ist ein grundsätzliches Recht, das jedem Menschen zusteht. Leider gibt es keine persönliche Grenzschutz-Polizei. Die emotionalen Grenzen eines anderen zu verletzen ist kein Verbrechen. Es liegt daher allein an Ihnen, Ihr Recht durchzusetzen.

Zu beachten ist, dass eine spezifische Grenze an einem bestimmten Tag Gültigkeit besitzen kann und an am nächsten Tag schon wieder nicht mehr. Auch dies ist vollkommen normal. Vielleicht gehen Sie gerne manchmal zwei Tage in Folge vietnamesisch essen und lassen sich daher auf einen entsprechenden Vorschlag ein. Wenn Sie mit Ihrem wahren Selbst in Verbindung stehen und Ihren Körper, Ihren Geist und Ihre Seele wirklich kennenlernen, werden Sie wissen, welche Grenzen Sie ziehen müssen. Normalerweise meldet uns ein unwohles Bauchgefühl, wenn wir erlauben, dass die Kluft zwischen dem, was wir zu akzeptieren bereit sind, und dem, was wir tatsächlich zulassen, zu groß wird. Aus diesem Grund ist es wichtig, dass wir uns unseres Zustandes in einer bestimmten Situation bewusst sind, bevor wir eine Entscheidung treffen. Sobald Sie abgewogen haben, wie Sie sich fühlen, steht Ihnen eine weite Auswahl an Entscheidungen offen. Dazu zählen:

- „Ja" zu sagen, wenn etwas zu 100 % für Sie in Ordnung ist
- „Nein" zu sagen, ohne sich dafür zu entschuldigen, weil etwas eindeutig nicht das ist, was Sie wollen
- „Ja" zu sagen, aber unter gewissen Bedingungen. Beispielsweise lassen Sie den anderen Menschen wissen, was er an seinem Anliegen ändern muss, damit Sie ihm zustimmen können.
- „Nein" zu sagen, aber mit dem Zugeständnis, zumindest einen Teil der Anfrage mitzugehen oder das „Ja" für einen bestimmten späteren Zeitpunkt in Aussicht zu stellen
- „ich weiß nicht" zu sagen. Wenn wir vom Leben oder von unseren Emotionen überwältigt sind, wissen wir manchmal schlichtweg nicht, was wir in einem bestimmten Moment eigentlich wollen. Es ist sehr wichtig, dass wir uns auch diese Antwort zugestehen. „Ich weiß nicht, gib mir eine Stunde, dann kann ich dir eine Antwort geben" ist eine berechtigte Antwort, besonders, wenn Sie erst vor Kurzem bewusst damit begonnen haben, Grenzen zu ziehen. Wenn jemand Sie daraufhin bedrängt und *sofort* eine Antwort verlangt, ist ein klares „Nein" angebracht.

Kein Versuch, in Ihren persönlichen mentalen und emotionalen Raum einzudringen, ist „okay". Es ist Ihre Aufgabe, diesen Freiraum zu beschützen. Ebenso ist es Ihre Aufgabe, sich der Schuldgefühle bewusst zu werden, sie zu ertragen und sie auszuhalten, die auftreten können, wenn Sie „Nein" zu jemandem sagen müssen. Die meisten von uns sind dazu erzogen, anderen in einem gewissen Rahmen ihre Wünsche zu erfüllen und niemanden zu scharf zurückzuweisen. Gesunde Grenzen entstehen jedoch dadurch, dass sich zwei Menschen auch schon einmal aneinander „reiben" und dabei behutsam versuchen, einen Ausgleich zu finden. Wenn die eine Seite den Druck auf die Grenzen der anderen zu sehr erhöht, liegt die Aufgabe der anderen Seite darin, sanft Gegendruck zu liefern. Auf diese Art lässt sich ein für beide Seiten gesundes Gleichgewicht erzielen. Wenn Sie hingegen „Ja" zu etwas sagen, das Sie eigentlich gar nicht wollen, entsteht oft ein kränkliches Gefühl des Gefangenseins und der Verbitterung. Insofern ist übereilte und unbedachte Zustimmung fast nie eine gute Option. Im Gegenteil: Ein konstruktives „Nein" eröffnet neue Möglichkeiten. Ein widerwilliges „Ja" bleibt passiv und kann zur Selbstverletzung führen, während ein berechtigtes „Nein" informativ und nützlich sowohl für Sie selbst als auch für Ihr Gegenüber und für Ihre Beziehungen sein kann.

Wie beschrieben wurde, müssen Sie sich nicht binär zwischen „Ja" und „Nein" entscheiden, sondern können über eine Anfrage auch verhandeln. Alles beginnt damit, zu wissen, was Ihr wahres Selbst in einem bestimmten Moment braucht und will. Während Sie diese Fähigkeit immer weiter verbessern, können Sie sich mehr und mehr darauf verlassen, was Ihre Instinkte Ihnen sagen und Ihre Entscheidung auf dieser Grundlage abwägen. Gelegentlich entscheidet jeder von uns auch schon einmal gegen sein Bauchgefühl, um denen, die wir lieben, einen Gefallen zu tun. Trotzdem werden Sie wahrscheinlich überrascht sein, wie oft andere Menschen sogar positiv reagieren, wenn wir klare Grenzen ziehen, und wie oft es möglich ist, auf diese Art Lösungen zu finden, die beide Beteiligten zufriedenstellen. Sogar ein Narzisst wird irgendwann lernen, Ihre Grenzen zu akzeptieren. Zwar wird er diesen Umstand hassen und versuchen, Ihre Entscheidung zu bekämpfen. Irgendwann aber wird auch er anerkennen müssen, dass es Ihnen ernst ist und dass er keine Wahl hat, als Ihre neuen Grenzen zu respektieren.

In die Luft gehen

Natürlich wird es nicht immer reibungslos ablaufen, ein System der Unterdrückung zu verlassen, eine stabile Selbstwahrnehmung zu entwickeln und anzufangen, gesunde Grenzen zu ziehen. Während Sie das volle Ausmaß der Unterdrückung durch den Narzissten realisieren, kann es sein, dass Sie spüren, wie Wut in Ihnen aufsteigt. Vielleicht machen Sie eine Phase durch, in der Sie kategorisch „Nein" zu allem sagen, wann immer jemand Sie um etwas bittet. Gerade ganz zu Anfang Ihrer Reise kann es schwierig sein, zu unterscheiden, wann jemand versucht, Sie auszunutzen, und welche Anfragen akzeptabel sind – besonders, wenn Sie es mit einem Narzissten zu tun haben, der regelmäßig seinen Charme spielen lässt.

Diese „Wutphasc", sollte Sie bei Ihnen auftreten, wird irgendwann vorübergehen. Möglicherweise ist es für Ihre persönliche Entwicklung unabdingbar, dass Sie eine Phase durchzumachen, in der Sie besonders strikte Grenzen ziehen und die Extreme austesten, um Ihr wahres Selbst zu erkunden. Vielleicht müssen Sie über eine Zeitspanne hinweg, die Ihnen oder anderen unverhältnismäßig lang erscheint, alleine sein und dabei sehr oft „Nein" zu anderen sagen. Vielleicht ist ein solches Verhalten erforderlich, um Stress und Druck von Ihnen fernzuhalten, weil Sie Ihre volle Kraft und Konzentration dazu benötigen, mit Ihren Emotionen Schritt zu halten. Sich eine Zeitlang „einzuschließen" ist möglicherweise genau das, was Sie in einer solchen Phase brauchen. Erinnern Sie sich daran, dass das Ziehen von gesunden Grenzen darin besteht, den eigenen Zustand zu einem bestimmten Zeitpunkt zu erkennen und auf dieser Grundlage Entscheidungen zu treffen. Wenn Ihr Körper und Ihr Geist Ihnen mitteilen, dass Sie wütend sind und für eine Zeitlang „Nein" zu allem sagen wollen, dann ist es eben so. Wenn sie Ihnen mitteilen, dass Sie sich überwältigt fühlen und dass Sie im Moment zu keinem klaren Gedanken in der Lage sind, dann muss es für einige Zeit eben genauso sein. Es gibt nicht den *einen* richtigen Pfad, der für jeden Menschen zum Erfolg führt. Welche Entscheidung in welcher Lage angemessen ist, hängt von vielen Faktoren ab. Der Pfad, der für Sie an einem Tag der richtige ist, kann am nächsten Tag der falsche sein. Alles beruht auf Ihrer Fähigkeit, sich Ihres jeweiligen Zustands in einem bestimmten Moment bewusst zu sein.

Während sich Ihre Fähigkeiten auf diesem Feld entwickeln und Sie damit beginnen, entschieden Grenzen zu ziehen, werden Sie feststellen, dass die Menschen, denen Sie wichtig sind, Sie plötzlich stärker respektieren. Genauso werden Sie merken, dass Narzissten anfangen, sich von Ihnen fernzuhalten. Sie werden spüren, wie Sie eine größere Vertrautheit mit Ihrem wahren Selbst erreichen und anfangen, entschlossener für Ihre eigenen Interessen einzutreten.

Genug ist genug

Eine subtile Art der Grenzziehung, die Zielpersonen von Narzissmus oft nicht ausreichend nutzen, besteht darin, zu einem bestimmten Zeitpunkt „es ist genug" zu sagen. Zielpersonen fühlen sich oft dazu verpflichtet, ihre eigenen Interessen zurückzustellen und ihre Zeit für andere zu opfern, auch wenn ihnen eigentlich nicht danach ist. Die Macht, die der Narzisst über sie hat, ist normalerweise äußerst stark, sodass die Zielperson glaubt, keine Wahl zu haben. Alltagsphänomene, wie zum Shoppen mitgeschleppt zu werden, obwohl man eigentlich nicht möchte, länger auf gesellschaftlichen Veranstaltungen zu bleiben, als man will, oder gezwungen zu werden, endloses Geschwätz zu ertragen, kann sich erdrückend anfühlen. Ohne klare Grenzen wird sich die Zielperson machtlos und verzweifelt fühlen. Beim Ziehen von Grenzen geht es eben nicht nur darum, „Nein" zu sagen, sondern auch darum, abzuwägen, wie viel von unserer Zeit und unseren Ressourcen wir anderen geben wollen. Es geht darum, mehr auf unser wahres Selbst zu hören und den Einfluss zurückzudrängen, den falsche Pflicht- und Schamgefühle über viele von uns haben.

„Genug" zu sagen muss keine Schwarz-Weiß-Entscheidung sein. Beispielsweise können wir entscheiden, uns nicht komplett aus einer Situation zu verabschieden, aber die Regeln zu ändern, die unseren Umgang mit ihr bestimmen. Wir können uns bereit erklären, jemanden zum Shoppen zu begleiten, aber einen angemessenen Teil des Shopping-Trips darauf verwenden, nach Dingen zu suchen, die *uns* interessieren. Wir müssen uns nicht direkt weigern, mit jemandem auf eine gesellschaftliche Veranstaltung zu gehen, aber wir können von Anfang an klarmachen, dass wir selbst entscheiden werden, wann wir heimgehen. Wir können uns auf eine Unterhaltung einlassen, aber das Gespräch höflich beenden, wenn es uns zu viel wird. Wenn wir mit jemandem im Urlaub sind, können wir klarmachen, dass wir ein paar Stunden nur für uns alleine brauchen, um uns zu entspannen, bevor wir uns auf gemeinsame Erkundungen einlassen. Diejenigen Menschen in unserem Leben, die uns lieben, werden sich im Angesicht unserer berechtigten Wünsche flexibel zeigen und offen dafür sein, die jeweilige Situation so zu handhaben, dass jeder der Beteiligten sich wohlfühlen kann. Das „Aushandeln" der richtigen Herangehensweise ist ein dynamischer Prozess. Jeder von uns fühlt nun einmal, was er fühlt, und mag manche Dinge lieber als andere. Jeder von uns ist einzigartig. Jeder von uns hat ein Recht darauf, die Situationen in seinem Leben so zu verändern, dass sie besser zu seinem inneren Zustand passen. Wenn wir hierbei den legitimen Bedürfnissen unseres wahren Selbst folgen, brauchen wir uns für unsere Anliegen auch nicht schuldig zu fühlen.

Ein Hinweis zum Schluss: Nehmen Sie sich in acht vor den Psychospielchen des Narzissten, die dieser unweigerlich versuchen wird, sobald Sie anfangen, gesunde Grenzen zu ziehen. Vielleicht wird er versuchen zu bewirken, dass Sie sich beim Ziehen von Grenzen lächerlich vorkommen. Vielleicht redet er Ihnen ein, dass es nicht normal ist, Grenzen zu ziehen, so wie Sie es tun. Vielleicht fängt er auch an, eine Liste von „überzeugenden" Argumenten herunterzubeten, warum Sie auf ihn hören sollten und das tun sollten, was er Ihnen rät. Dies alles sind Versuche, Sie in eine Ecke zu drängen und zum „Einknicken" zu bringen. Es ist entscheidend, dass Sie die vom Narzissten dominierten Vorstellungen von „falsch" und „richtig" hinter sich lassen. Es ist entscheidend, dass Sie sich daran erinnern, dass seine Worte, auch wenn er es gerne so erscheinen lässt, keineswegs „Gesetze" sind. Die einzige Stimme, auf die Sie hören sollten, ist die Ihres wahren Selbst.

Übung sieben: Verbrannte Erde

Ich nehme jegliches Eindringen in meinen persönlichen Freiraum äußerst ernst.

- Kid Rock

„Verbrannte Erde" ist eine militärische Strategie, die von einer Armee eingesetzt werden kann, die sich von einem Territorium zurückzieht, das dadurch dem Feind in die Hände fällt. Alles, was den gegnerischen Truppen von Nutzen sein kann, wie Unterkünfte, Nahrungsmittel, Fahrzeuge, Gebrauchsgegenstände oder Ausrüstung, wird verbrannt, um dem Feind nichts zu überlassen, mit dem er seine Angriffsbewegung aufrechterhalten kann.

Mitgefühl mit anderen zu empfinden bringt uns im Regelfall dazu, eine gewisse Zuneigung für sie zu entwickeln. In vielen

Fällen handelt es sich hierbei um etwas Positives. Dies gilt nicht für Narzissten. *Ihre* Zuneigung brauchen wir ungefähr so sehr, wie von einem Lastwagen überrollt zu werden. Ja, Narzissten sind oft Menschen, die selbst verwundet wurden und denen es Schmerzen bereitet, ihr falsches Selbst aufrechtzuerhalten. Doch wie bereits gezeigt wurde, führt die Hoffnung darauf, einen Narzissten ändern oder dazu bewegen zu können, sich an die Spielregeln zu halten, so gut wie immer zu Enttäuschung. Irgendwann kommt der Punkt, an dem wir uns schlichtweg *weigern* müssen, das Spiel des Narzissten weiter mitzuspielen. Wir tun dies, indem wir uns von unseren Emotionen distanzieren. Seien Sie sich bewusst, dass das ausnützerische Spiel des Narzissten so lange weitergehen kann, wie wir zulassen, dass uns unsere Gefühle an ihn binden. Die Entscheidung, unsere Emotionen im Wortsinn „aus dem Spiel zu nehmen", beendet die Dynamik. Sich emotional von einem Narzissten zu lösen entzieht ihm jegliche Macht über uns. Die Art, in der wir dieses Ziel erreichen, ist *Missachtung*.

Missachtung ist ein Zustand des Missfallens und der Ablehnung, mit der wir auf eine andere Person reagieren, die unseren persönlichen Ansprüchen nicht gerecht wird. Missachtung ist die Art und Weise, in der der coole und beliebte Typ in der Schule auf die nicht besonders coolen Typen herabblickt. Missachtung regt sich in uns beispielsweise gegen den aufdringlichen Verkäufer, der so übertrieben freundlich zu uns ist, dass es wehtut. Missachtung entsteht, wenn sich jemand auf einer Feier in einen Kreis von engen Freunden drängt, die sich seit Jahren kennen, und unverfroren so tut, als würde er dazugehören.

Selbstverständlich sollte Missachtung keineswegs vorschnell oder ungerechtfertigt eingesetzt werden. In Ihrem Fall können

Sie sich jedoch zu Recht als jemanden ansehen, der über Integrität, gesunde Scham und einen gesunden Sinn für Schuld verfügt. Sie sind ein Mensch mit einem moralischen Kompass, der sich bemüht, fair zu spielen, und der auf schweres Geschütz nur deshalb zurückgreift, weil er sich gegen jemanden zur Wehr setzen muss, der über keine dieser positiven Eigenschaften verfügt. Dem Narzissten dürfen Sie mit Missachtung begegnen, weil er:

- weder über Integrität noch über gesunde Scham, einen gesunden Sinn für Schuld oder einen moralischen Kompass verfügt,
- sich nicht an die Regeln hält,
- nur in äußerst geringem Maße zu Selbstreflexion, Veränderung oder zu persönlicher Entwicklung in der Lage ist.

Indem Sie bewusst mental neu ausrichten, in welcher Beziehung Sie zum Narzissten stehen, und indem Sie die Ansprüche, die Sie an Ihre Beziehungen stellen, höher ansetzen, isolieren Sie den Narzissten, bildlich gesprochen, in einem abgetrennten Raum, in dem er für Ihre Gefühle nicht erreichbar ist.

Emotional von anderen Menschen „abgeschnitten" zu werden ist schmerzhaft und unmenschlich. Missachtung ist niemals eine gute Sache, die irgendjemandem leichtfallen sollte. Bildlich gesprochen ist sie wie das Verstoßen eines Menschen in eine Wildnis ohne Wärme, fern von seinem Stamm. Sie ist wie eine hohe Mauer, die um jemanden errichtet wird, damit er alle anderen nicht mit seiner Fehlerhaftigkeit und seinem Zurückbleiben hinter den Standards der Gemeinschaft „beschmutzen" kann. Für den Zweck unserer Befreiung aus einer narzisstischen Beziehung ist die Missachtung des Narzissten jedoch, krass ausgedrückt, wie eine Chemotherapie gegen unseren ganz persönlichen Krebs. Missachtung hinterlässt verbrannte Erde. Wir beenden das Spiel entschieden und abrupt. Wir entziehen dem Narzissten unser emotionales Engagement und entscheiden uns dazu, unsere Emotionen künftig lieber in gesunde, wirklich stärkende Beziehungen zu investieren. Nur so lässt sich das Drama mit ihm ein für alle Mal beenden.

Zu beachten ist dabei, dass es keineswegs einfach sein wird, sich von den Gefühlen, die einen an den Narzissten binden, loszumachen. Der Schlüssel liegt darin, strategisch vorzugehen. So sehr wir vielleicht auch glauben wollen, dass wir anderen gegenüber immer mitfühlend und offen sein sollten: Wenn jemand unsere Offenheit permanent missbraucht und unsere Emotionen ausnutzt, um uns zu manipulieren, verdient er es ganz einfach nicht, in unser Innerstes vorgelassen zu werden. All dies bedeutet nicht, dass der Narzisst beim ersten Anzeichen von Widerstand einfach aufgeben und sich in Zukunft freundlich und respektvoll verhalten wird. Schließlich will er einen *Gegenwert* für all die Zeit und Mühe bekommen, die er in das Spiel mit Ihnen investiert hat. Er wird versuchen, Sie wieder in die Beziehung mit ihm zurückzuziehen. Er wird vielleicht wütend werden oder Sie mit Schweigen strafen. Vielleicht wirft er Ihnen vor, sich unsensibel zu verhalten oder rücksichtslos zu sein. Vielleicht stellt er sich als Opfer dar oder spielt Ihnen vor, über Ihr Verhalten zutiefst traurig zu sein. Der Narzisst wird *alles* tun, damit Sie sich für Ihren Umgang mit ihm schuldig fühlen. Er weiß genau, dass uns unser Mitgefühl normalerweise dazu bewegt, Leidenden eine helfende Hand zu reichen und ihnen gegenüber Milde walten zu lassen. Er ist sich dieser Umstände bewusst und wird versuchen, unsere Instinkte für sein Spiel zu verwenden. Es ist daher entscheidend, dass wir unsere eigenen Impulse bemerken, wenn sie auftreten, sie anerkennen, aber trotzdem normal mit unserem Vorsatz weitermachen.

Ist bereits absehbar, dass der Narzisst nicht einfach aus Ihrem Leben verschwinden wird, ist es empfehlenswert, eine Strategie der verbrannten Erde anzuwenden, wann immer Sie den Versuch einer Manipulation bemerken. Während Sie den Narzissten immer klarer als das erkennen, was er ist, wird Ihr Bedürfnis nach starken emotionalen Grenzen ganz natürlich immer weiter zunehmen.

Lassen Sie die Finger von der heißen Kartoffel

Auf unserem Weg zur Freiheit müssen wir uns nicht nur gegen offene, sondern auch gegen verdeckte Übergriffe zur Wehr setzen. Wie bereits beschrieben, kann das Hervorrufen von Schamgefühlen („*shaming*") auch auf subtile und passive Weise erfolgen. Wenn jemand versucht, in Ihnen Schamgefühle zu erwecken, ist es ein wenig, als werfe Ihnen jemand eine heiße Kartoffel zu. Sie *können* sich daran nur die Finger verbrennen. Der Schlüssel liegt darin, entweder die Annahme zu verweigern oder den Gegenstand sofort zurückzugeben.

Wenn der Narzisst Sie beispielsweise beschuldigt, etwas getan oder nicht getan zu haben, versucht er damit vermutlich, eine emotionale Reaktion von Ihnen zu bekommen. Es ist wichtig, dass Sie seine Absicht durchschauen und sich die reflexhafte Erwiderung sparen. Eine Strategie der verbrannten Erde beinhaltet, dass Sie Ihre Gefühle von den *Fakten* einer Situation trennen. Falls der Vorwurf, den er Ihnen gegenüber macht, in Wirklichkeit vollkommen unberechtigt ist, können Sie die heiße

Kartoffel getrost zurückreichen. Sie können ihm mit ruhiger Stimme mitteilen, dass er selbstverständlich ein Recht auf seine eigene Meinung hat, aber dass Sie ihm nicht zustimmen. Selbst wenn an den Vorwürfen des Narzissten etwas Wahres sein sollte, können Sie seine Kritik noch immer ruhig aufnehmen und dann *entscheiden*, ob Ihr „Vergehen" eine Handlung Ihrerseits erfordert. Ohne den bewussten Schritt des Abwartens, Analysierens und des nüchternen Entscheidens kann es leicht passieren, dass Ihre Gefühle Ihren praktischen Verstand überwältigen und dabei den Blick auf das eigentliche Problem verstellen: Vermutlich besteht das wahre Ziel des Narzissten nicht darin, ein tatsächliches „Problem" zu lösen, sondern darin, Ihnen Schamgefühle einzureden. Ein Gefühlsausbruch Ihrerseits ist genau das, was er sich erhofft. Er versucht mit seinem Vorwurf auf emotionaler Ebene zu Ihnen durchzudringen und Sie dazu zu bringen, die „heiße Kartoffel" aus einem Reflex oder aus einer Gefühlsregung heraus anzunehmen. Wenn Sie sich bewusst dafür entscheiden, Ihre Reaktion zu kontrollieren, Ihre Erwiderung ruhig vorzutragen und dabei auf der Ebene des praktischen Verstandes zu bleiben, erhalten Sie sich Ihre Macht über die Situation und ziehen den Narzissten, indem Sie ihn beim Wort nehmen, zur Verantwortung.

Ein Narzisst versucht häufig, in Ihnen Schamgefühle hervorzurufen, indem er Sie provoziert oder herabwürdigt. Für Sie gibt es verschiedene Möglichkeiten, um die heiße Kartoffel zu vermeiden:

- Bestärken Sie den Narzissten nicht in seinen Äußerungen und lachen Sie nicht mit, wenn er versucht, Humor einzusetzen.

- Versuchen Sie nicht, sich zu rechtfertigen, und lassen Sie sich nicht auf sein Niveau herabziehen, indem Sie versuchen, *ihn* zu beschämen.
- Wenn Sie es als erforderlich ansehen, sich aktiv einzubringen, hinterfragen Sie seine Motive. Fragen Sie, was genau er meint. Fordern Sie Beweise für seine Behauptungen. Behandeln Sie das Ganze wie ein Bewerbungsgespräch. Antworten Sie geschäftsmäßig. Bleiben Sie rein sachlich.
- Wenn das Gespräch Ihnen emotional zusetzt, warten Sie, bis es vorüber ist. Konsultieren Sie anschließend einen Ihrer engen Verbündeten. Bitten Sie diesen um seine Einschätzung, ob an den Vorwürfen des Narzissten irgendetwas Wahres ist.

Die Annahme der heißen Kartoffel lässt sich vermeiden, indem Sie Ihre emotionale Reaktion bewusst zurückhalten und Ihrem Gegenüber ausschließlich auf der Ebene des logischen Verstandes begegnen. Anstatt, wie gegenüber einem normalen Menschen, zuzulassen, dass die Aussagen des Narzissten auf der Ebene der Gefühle an Sie herandringen, oder instinktiv zu versuchen, mit ihm limbische Resonanz herzustellen, sollten Sie seine Aussagen kritisch analysieren und mit Ihrem Verstand überprüfen, ob ein Körnchen Wahrheit in ihnen liegt. Während eine emotionale Reaktion dem Narzissten Versorgung liefern würde, verhindert Ihre Weigerung, sein Spiel mitzuspielen, dass er die Regeln bestimmen kann, und sorgt so für ausgeglichene Verhältnisse. Die heiße Kartoffel zu vermeiden bedeutet, jedes Wort, das aus dem Mund eines Narzissten kommt, zu analysieren und zu verarbeiten. Es bedeutet, ein Spielverderber zu sein und sich nicht dafür zu entschuldigen.

Nicht den Köder schlucken

Karen gab ihrem Vermieter die Schlüssel zurück, nachdem er die Inspektion und Abnahme der Wohnung abgeschlossen hatte. Den ganzen Termin lang war er freundlich, kurz gefasst und kooperativ gewesen.

In den Wochen vor der Übergabe war sein Verhalten noch ein völlig anderes gewesen. Er hatte beispielsweise angekündigt, 200 Euro ihrer Kaution für eine „Ofenreinigung" einzubehalten, obwohl der Mietvertrag dafür überhaupt keine Klausel vorsah. Als sie sich weigerte, schickte er ihr mehrere aggressive und persönlich übergriffige E-Mails, in denen er ihr vorwarf, sich kindisch zu verhalten, und in denen er von ihr verlangte, sie solle gefälligst kooperativer sein. Er mahnte sogar an, „was wohl ihre Mutter denken würde" und machte derbe Kommentare über ihren angeblichen Mangel an Sauberkeit, die sogar so weit gingen, dass er sie ein „schmutziges kleines Mädchen" nannte. Karen war schockiert. Warum wurde jemand in einer rein geschäftlichen Beziehung auf einmal so persönlich? Niemand mit einem klaren Verstand würde solche Dinge sagen.

Das Ganze ging ihr so nahe, dass sie sich schließlich bereit erklärte, die „Gebühr" für die Ofenreinigung zu bezahlen, auch wenn davon nichts im Mietvertrag stand und die Forderung völlig unberechtigt war. Weil sie sich aufgrund der ganzen Vorgeschichte unwohl bei der Vorstellung fühlte, mit dem Vermieter allein zu sein, entschied sich Karen, einen männlichen Freund zu fragen, ob er sie bei der finalen Wohnungsübergabe begleiten könnte.

Am Tag der Übergabe ging alles glatt über die Bühne. In der Gegenwart von Karens Verbündetem zeigte sich der Vermieter von seiner besten Seite. Wenig überraschend, erreichte Karen am Tag nach dem Termin die bisher schlimmste E-Mail. Alles an dem Schriftstück stand in krassem Gegensatz zu dem Verhalten ihres Vermieters am Vortag. Wieder war die Nachricht voller persönlicher Bemerkungen über ihre Hygiene, wobei der Absender dieses Mal so weit ging, sie als „ekelhaft" zu bezeichnen. Ihr Vermieter hinterfragte in dem Schreiben, wie sie überhaupt in der Lage wäre, in einem solchen „Dreck" zu leben, und ließ sich erneut zu Spekulationen hinreißen, wie sehr sich Karens Mutter wohl für sie schämen würde, obwohl er ihre Mutter nie getroffen hatte. Die Gegenwart von Karens männlichem Verbündeten während des Übergabetermins fand in der E-Mail keinerlei Erwähnung, dabei hatte der Vermieter am Vortag sogar ein Schriftstück unterzeichnet, in dem bestätigt wurde, dass mit der Wohnung alles in Ordnung war. Nachvollziehbarerweise war Karen erschüttert und verwirrt. Was zur Hölle ging hier vor sich? Wie sollte sie auf diese neue E-Mail reagieren?

Zum entsprechenden Zeitpunkt hatte sich Karen noch nicht genug mit den Dynamiken des Narzissmus beschäftigt, um zu verstehen, warum sich ihr Vermieter in dieser Weise aufführte. Bei genauerer Betrachtung ist nicht zu verkennen, dass es sich bei dem Mann, mit dem sie es zu tun hatte, um einen Narzissten handelt. Sein verurteilender, aggressiver Tonfall und seine haarsträubenden Behauptungen sind klare Hinweise dafür. Ein solcher Mensch fühlt sich ganz in seinem Element, wenn er jungen Frauen gegenüber seine vermeintliche Macht ausspielen kann. Schon in einem früheren Gespräch hatte er ihr mitgeteilt, prinzipiell nur an junge Frauen zu vermieten. Wie es aussieht, findet er Vergnügen daran, Chaos und Verwirrung in den Köpfen und Herzen seiner Mieter zu stiften.

Karen ging verschiedene Möglichkeiten durch, wie sie auf die E-Mail reagieren könnte. Ihr erster Impuls war, ihrem Vermieter ausführlich schriftlich zu erklären, wie gründlich sie die Wohnung gereinigt hatte und wie verletzend und unbegründet seine Vorwürfe und Behauptungen waren. Sie überlegte auch, in ihrer Antwort nachzufragen, warum er während der Übergabe in Anwesenheit ihres Freundes keinen einzigen der Vorwürfe erwähnt hatte. Es gab viele Dinge, die sie loswerden und wissen wollte. Dann aber erinnerte sie sich wieder an den ersten Vorfall mit der Ofenreinigung. Indem sie sich damals auf sein Spiel eingelassen hatte, hatte sie ihn nur noch mehr zur Wut gereizt. Der Mann hatte sich darin *bestärkt* gesehen, sie noch mehr in Dramen zu verwickeln und mit Beleidigungen zu überschütten.

Nach einiger Überlegung wusste Karen, was zu tun war. Sie zeigte die E-Mail ihres Vermieters einigen Freunden, die kurz vor der Wohnungsübergabe und auch davor schon öfter bei ihr zu Besuch gewesen waren. Alle ihre Freunde stimmten überein, dass sich ihr Vermieter wie ein Verrückter aufführte. Keiner von ihnen konnte sich rational erklären, warum irgendjemand eine

E-Mail mit derart obskuren Vorwürfen versenden würde. Alles, was ihr Vermieter in dem Schriftstück aufführte, war unter rationalen Gesichtspunkten unsachlich und ohne jede Grundlage. Nachdem sie sich versichert hatte, dass sie *nicht* verrückt und ekelhaft war und nicht „im Dreck lebte" (oder es je getan hatte), entschied sie sich für absolute Funkstille. Ihre Gefühle waren eine Sache, aber eine angemessene Reaktion war eine andere. Sie ließ die Sache einfach ruhen. Keine Antwort. Keine Gegenfragen. Keine Rechtfertigung oder Verteidigung. Sie war sich voll und ganz bewusst geworden, dass ihr Vermieter sie mit seinen Ausfällen lediglich ködern wollte, um bei ihr eine emotionale Reaktion zu provozieren und sich narzisstische Versorgung zu verschaffen. Er hoffte nur darauf, dass sie sich unter seinen Vorwürfen drehte und wand. Darin und in nichts anderem lag der Zweck der ganzen E-Mail.

Sie weigerte sich, den Köder zu schlucken.

Obwohl sie sich zutiefst aufgewühlt und verletzt fühlte, beschloss sie, einfach ganz normal mit ihrem Leben weiterzumachen. Sie ließ sich nicht darauf ein, das Drama ihres Vermieters mitzuspielen. Wenn sich in ihr unbewältigte Gefühle bezogen auf den Vorfall regten, wandte sie sich an einen guten Freund, an ihren Therapeuten oder schrieb darüber in ihr Tagebuch. Inzwischen hat sie eine neue Wohnung gefunden. Ihr neuer Vermieter ist in jeder Hinsicht freundlich und kooperativ. Falls sich ihr narzisstischer Vermieter noch einmal bei ihr meldet, wird sie rein sachbezogen antworten, ohne jegliche emotionale Investition. Falls notwendig, wird sie einen Rechtsanwalt einschalten. Auf E-Mails mit Beleidigungen wird sie überhaupt nicht mehr reagieren. Lässt er sich gar zu Drohungen oder kriminellen Handlungen hinreißen, wird sie die Polizei einschalten. Die Strategie ist einfach: verbrannte Erde.

Schuldzuweisungen

Das eigene Leben gut zu leben ist die beste Rache, die es gibt.
- George Herbert

Ziel und Opfer von narzisstischen Handlungsweisen zu sein generiert in unserem Inneren große Mengen an Wut und Frustration. Bei manchen von uns reichen die Ursprünge zurück bis in unsere Kindheit. Die Akteure waren in diesem Fall oft Menschen, die sich eigentlich um uns hätten kümmern sollen, als wir noch nicht für uns selbst sprechen konnten. Manche von uns haben sich darauf verlassen, dass alle anderen sich an die goldene Regel halten. Wir haben andere an uns herangelassen und uns damit Jahre voller Drama und emotionaler Leiden eingehandelt, bevor wir endlich die Wahrheit erkannt haben. Nun aber ist die Katze aus dem Sack. Sie blicken zurück auf diese dunkle, grausame Realität und fühlen sich benutzt und wütend. Sie suchen instinktiv nach einem Schuldigen, auf den Sie mit dem Finger zeigen können. Sie sehen sich nach einem Zielobjekt für Ihre Wut, für all die verschwendete Lebenszeit und all das sinnlose Leiden.

Auch wenn wir gute Gründe dafür haben, den Narzissten in unserem Leben Vorwürfe zu machen, müssen wir zuallererst darauf achten, dass wir uns nicht selbst schaden. Wir fangen an, uns Vorwürfe zu machen. Wir fragen uns, warum wir derart schnell auf die Psychospiele des Narzissten hereingefallen sind. Wir hinterfragen, warum wir überhaupt so lange zugelassen haben, dass wir herabgewürdigt und unsere innersten Bedürfnisse ignoriert wurden. Wir fragen uns, warum wir uns mit einem solchen Leben zufriedengegeben haben und immer wieder zurück in alte Muster verfallen sind, auch wenn ein Teil von uns uns bereits eine ganze Zeit lang „angeschrien" hat, das schädliche Verhältnis endlich zu beenden. Vielleicht machen wir uns Vorwürfe, dass wir selbst jetzt, als Erwachsene mit freiem Willen, immer wieder in Beziehungen mit Narzissten enden.

Ja, Ihre Wut ist gerechtfertigt. Ihnen wurde Unrecht angetan. Und ja: Falls Sie das Bedürfnis verspüren, Ihrem Ärger Luft zu machen, sollten Sie nach geeigneten Wegen suchen, um dies auch zu tun. Dennoch ist es wichtig, zu realisieren: Solange Sie sich dazu hinreißen lassen, Ihre Wut auf den Narzissten zu richten, liegt Ihr Fokus weiterhin auf etwas *Externem* und nicht auf Ihnen selbst. Nur allzu leicht lenken Sie sich damit von Ihrem Weg in die Freiheit ab. Ihre Entrüstung verleiht dem Narzissten *Macht*. Gerade die Erfahrung, wie nutzlos Ihre Gefühlsentladungen in Richtung des Narzissten sind, kann der frustrierendste Aspekt des Ganzen sein. Dazu kommt, dass Sie sich mit Vorwürfen gegen sich und andere in einem von Zerstörungsgedanken geprägten mentalen Zustand gefangen halten und Ihre Energie nicht auf Ihre eigentliche Aufgabe richten. Um diesen Irrweg zu vermeiden, ist es wichtig, dass Sie sich die Frage stellen: Wenn Sie Ihr ganzes Leben lang dazu erzogen worden sind, eine bestimmte Rolle zu spielen, und nie einen anderen Weg kennengelernt haben, wie kann dann die Schuld bei Ihnen liegen? Sie müssen einen schwierigen, aber notwendigen Paradigmenwechsel vollziehen. Vielleicht haben Schuldzuweisungen gegen Sie selbst und gegen andere bisher einen großen Teil Ihres Lebens eingenommen. Von hier an aber ist es wichtig, sich von einer solchen Denkweise zu verabschieden. Einen Schuldigen zu suchen (und sogar, einen zu finden) löst keine Probleme. Das Gegenteil ist der Fall: Die Energie, die Sie mit Schuldzuweisungen verschwenden, ist sehr viel besser in das Erlangen Ihrer Freiheit und in die Entwicklung Ihrer Fähigkeiten investiert. Denken Sie an Übung drei. Es gibt ausreichend gesunde, kreative Möglichkeiten, wie Sie Ihre Frustration und Ihre Wut in einer Weise kanalisieren können, die Ihnen *hilft* und die Ihr Leben besser macht, anstatt Sie weiterhin an Strukturen zu binden, die Sie eigentlich hinter sich lassen wollen.

Vertrauen ist gut, Kontrolle ist besser

„Vertrauen, aber verifizieren" leitet sich von einem russischen Sprichwort ab, das US-Präsident Ronald Reagan während seiner Präsidentschaft gern verwendete. Der Ausspruch lässt sich auf verschiedene Lebensbereiche anwenden, darunter auch auf den Umgang mit Narzissmus.

Das Wenigste im Leben fällt in die Kategorien „schwarz" oder „weiß". Trotzdem stecken wir andere manchmal vorschnell in „Schubladen". Wir alle tragen Anteile von Narzissmus in uns. Manchmal lassen wir uns von ihnen übermannen. Wie gezeigt wurde, existiert Narzissmus entlang eines Kontinuums. Auch wir sind darauf zu verorten. Unsere genaue Position ist von Zeitpunkt zu Zeitpunkt unterschiedlich. Wir alle müssen uns dieser Wahrheit stellen. Sie wird nicht einfach von selbst verschwinden. Narzisstische Veranlagungen sind ein fester Bestandteil der menschlichen Natur. Diese Tatsache ist kein Grund dafür, uns vor der Welt zurückzuziehen. Um ein erfülltes Leben zu führen, müssen wir unser wahres Selbst entfesseln und uns darauf verlassen, dass alles sich zum Guten entwickeln wird. Dieses Grundvertrauen ist ein großartiges Gefühl: Indem wir Vertrauen haben und authentisch handeln, eröffnen wir uns eine Vielzahl aufregender Möglichkeiten.

Auch wenn somit ein gewisses Grundvertrauen gegenüber anderen angebracht ist, bedeutet dies natürlich nicht, dass wir uns naiv verhalten sollten. Wir müssen unserer Umwelt vielleicht nicht mit übertriebener Skepsis begegnen, doch wir sollten regelmäßig überprüfen, ob unser Vertrauensvorschuss gerechtfertigt ist. Wird unser Gegenüber den Erwartungen gerecht, die wir mit unserer offenen Herangehensweise an ihn stellen? Ein guter Ausgangspunkt für eine solche Prüfung liegt darin, entspannt in unserem wahren Selbst zu ruhen und die Situation durch die Linse unseres Verstandes zu betrachten. Es geht dabei darum, aufmerksam und dennoch entspannt zu sein. Es geht darum, unser gesundes Ego für diejenige Aufgabe einzusetzen, für die es existiert: um zu kontrollieren, was gut und was schlecht für uns ist. Dabei sollten wir darauf achten, dass unsere gerechtfertigte Kontrolle nicht in Gefühlskälte umschlägt. Ein gesunder Umgang mit Narzissmus besteht nicht darin, anderen vorschnell einen bestimmten Stempel aufzudrücken und sie dann zu vergessen. Vielmehr sollten wir versuchen, jeder neuen Begegnung eine Chance zu geben. Anschließend können wir auf der Grundlage unserer Beobachtungen entscheiden, ob es für uns das Richtige ist, den Austausch fortzusetzen oder ihn abzubrechen und uns daraus zurückzuziehen. Missachtung ist ein Werkzeug, das nur eingesetzt werden sollte, wenn es wirklich erforderlich ist.

Bei aller Vorsicht ist es wichtig, das Positive im Blick zu behalten. Das Leben ist schön. Viele Menschen, denen wir begegnen, bereichern unsere Erfahrung. Die Menschen in unserer Umgebung werden, wie wir selbst, gelegentlich Fehler machen, uns verletzen oder narzisstische Verhaltensweisen an den Tag legen. Wir alle, nicht nur ausgeprägte Narzissten, haben die Fähigkeit, kalt und kalkulierend zu handeln. Als Menschen tun wir manchmal grausame Dinge, um Schmerz und Schamgefühle von uns fernzuhalten. Trotz aller Vorsicht sollten wir jedoch niemals riskieren, all das Gute, das das Leben für uns bereithält, zu verpassen, weil wir vorschnell die Tür vor ihm verschließen. Wir sollten anderen Vertrauen entgegenbringen. Immer. Und wir sollten verifizieren, ob sie unser Vertrauen verdienen. Immer.

Neue Anfänge

Nur zu leben reicht nicht aus ... man braucht auch Sonnen-schein, Freiheit und ein kleines Pflänzchen.

- Hans Christian Andersen

Mit den beschriebenen sieben Übungen werden Sie es schaffen, ein stärkeres Selbstempfinden zu entwickeln. Außerdem werden Sie:

- in der Lage sein, Ihre Gefühle mit einer gewissen Distanziert-heit zu betrachten, ihnen standzuhalten und kompetent mit ihnen umzugehen,
- in der Lage sein, Ihren Umgang mit anderen Menschen, wenn nötig, von Ihren Emotionen abzukoppeln und sich so vor Manipulation zu schützen,
- begreifen, dass jeder Mensch für seine eigenen Gefühle verant-wortlich ist,

- Ihre Schamgefühle beherrschen, was Ihnen erlaubt, Ihre eigene Menschlichkeit mit ihren Fehlern und Schwächen zu akzeptieren und ein besserer Mensch zu werden,
- lernen, Ihr wahres Selbst auf kreative Weise auszudrücken,
- Ihr Selbstwertgefühl stärken und neue Fähigkeiten entwickeln,
- ausgeglichene, erfüllende Beziehungen führen und pflegen,
- verlässliche Verbündete finden, die da sein werden, wann immer Sie sie brauchen,
- sehr viel widerstandsfähiger gegen Unterdrückung und Narzissmus sein,
- voller Elan Ihren Leidenschaften nachgehen und ein erfülltes Leben führen.

Sie werden außerdem anfangen, inneren Frieden zu spüren. Sie werden feststellen, wie sich ein Raum in Ihrem Inneren öffnet, der zuvor in Ihrer Welt nicht existiert hat. Dieser Raum wird Ihre Festung werden, die Sie nicht nur vor Narzissten, sondern auch vor dem Druck der Außenwelt beschützt. Ihr persönlicher Kampf wird um diese Festung geführt werden. Sobald Sie aufhören, Narzissten zu gehorchen, ihre Spiele nicht mehr mitspielen und sich stattdessen Ihren eigenen Interessen zuwenden, wird der Narzisst die Änderung in Ihrem Verhalten bemerken und Widerstand leisten. Möglicherweise reagiert er mit Verärgerung und attackiert Sie mit Wutausbrüchen. Vielleicht versucht er es mit einem seiner vielen Tricks wie Ködern („*baiting*") oder Aufsaugen („*hoovering*"), in der Hoffnung, damit in Ihre Festung einzudringen und Sie weiter manipulieren zu können. Sie aber werden es nicht zulassen. Ihre Festung wird sich für Sie wie etwas Heiliges und Reines anfühlen. Sie werden den natürlichen Drang entwickeln, sie um jeden Preis zu verteidigen. Ganz egal, welche Lockmittel der Narzisst Ihnen in Aussicht stellt, ob er Sie nun mit Scham oder mit Schuldgefühlen attackiert, ob er eines seiner Psychospielchen einsetzt: Sie werden in Ihrer Festung bleiben, weil Sie *wissen*, dass Sie darin sicher sind.

Auf Ihrem Weg kann es erforderlich werden, dass Sie die Beziehung mit dem Narzissten beenden und jeglichen Kontakt mit ihm abbrechen. Ein solcher Schritt ist vor allem dann ratsam, wenn sein Einfluss unverkennbar Ihr Leben zerstört. Selbst diese *Ultima Ratio* wird Ihnen sehr viel leichter fallen, wenn Sie eine Festung haben, in der Sie alle Stürme überstehen können.

Coup d'Etat

Sobald Sie anfangen, sich vom Einfluss der Narzissten in Ihrem Leben loszumachen, spüren Sie möglicherweise, dass die Zeit für einen umfassenden „Regimewechsel" gekommen ist. In diesem Fall besteht der nächste Schritt darin, *alle* narzisstischen Regime in Ihrem Leben zu identifizieren und sich aktiv von ihnen zu befreien – und zwar für immer.

Selbst über den „normalsten" unserer Beziehungen und Strukturen kann der Schatten des Narzissmus liegen. Im Extremfall kann es für Sie erforderlich werden, Ihren Job zu wechseln, die Beziehung mit einem Verwandten abzubrechen, Freundschaften zu beenden oder sogar ein Unternehmen abzuwickeln.

Natürlich sind nicht alle Strukturen und Verhältnisse in Ihrem Leben schlecht. Die Fragen, die Sie sich zu jeder Beziehung stellen sollten, sind: Wie repressiv ist sie für mich? Wie wichtig ist sie für mein Leben? Worin liegen ihre Werte? Unterstützt sie mich bei meiner persönlichen Entwicklung oder hält sie mich in einem Trott gefangen?

Betrachten Sie in Ruhe jede einzelne Ihrer Beziehungen und Ihrer Verpflichtungen und stellen Sie sich die Frage, wem oder was sie in ihr *dienen*. Fördern Sie mit der Beziehung beispielsweise die gesunde Entwicklung Ihres Kindes, handelt es sich ohne Zweifel um ein würdiges Ziel für Ihre Zeit und Energie. Dienen Sie hingegen lediglich den narzisstischen Bedürfnissen eines abgehobenen und gleichgültigen Vorgesetzten, indem Sie einer Arbeit nachgehen, die Sie eigentlich verabscheuen, sollten Sie möglicherweise zeitnah etwas ändern. Anfangs mag es sich noch halbwegs interessant anfühlen, Ihre Zeit damit zu verbringen, den Hedonismus eines narzisstischen, aber dennoch unterhaltsamen Freundes zu füttern. Irgendwann aber werden Sie feststellen, dass eine solche Erfahrung niemals so erfüllend sein kann, wie Ihr Leben und Ihre Erlebnisse mit einem wirklichen Weggefährten zu teilen, der an gemeinsamem Wachstum interessiert ist. Sie werden selbst erkennen und entscheiden müssen, welche Beziehungen und Strukturen Ihr wahres Selbst unterdrücken und welche ihm dienlich sind. Anschließend können Sie stagnierende oder schädliche Beziehungen durch solche ersetzen, die Sie *wirklich* voranbringen. Je stärker Sie die sieben Übungen in Ihrem Leben verankern, umso lauter wird die Stimme Ihres wahren Selbst werden. Mit der Zeit wird sie so laut werden, dass Sie keine Wahl mehr haben, als auf sie zu hören. Dies wiederum wird Sie dazu antreiben, zu *handeln*.

Weg mit dem Alten, her mit dem Neuen

Ein narzisstisches Regime hinter uns zurückzulassen reißt eine Lücke in unser Leben. Die psychologischen Auswirkungen eines solchen Schrittes sind nicht zu unterschätzen. Die Zeit des Umbruchs kann zugleich sehr aufregend und sehr turbulent sein. Angst und Unsicherheit werden sich regen, doch mit einer stabilen Selbstwahrnehmung und mit der Unterstützung Verbündeter werden Sie in der Lage sein, alle Herausforderungen zu überstehen.

Was nun? ist eine Frage, die Sie sich in einer solchen Lage vielleicht stellen. Niemand kann Ihnen abnehmen, selbstständig eine Antwort darauf zu finden. Schließlich dient unser Ausbruch aus dem narzisstischen Regime *gerade* dazu, uns das Recht zu erkämpfen, diese Frage künftig selbst zu beantworten. Bei vielen Menschen führen die neue Freiheit und die Stärkung der Verbindung mit ihrem wahren Selbst dazu, dass Impulse aus der Kindheit an die Oberfläche kommen. Diese können ein guter Ausgangspunkt sein, um die Frage nach dem „*was nun*" zu beantworten. Manche Leute spüren die Notwendigkeit, sich mit verdrängten Kindheitsträumen neu auseinanderzusetzen und pragmatische Wege zu finden, um sie in ihrem Erwachsenenleben zu verwirklichen. Vielleicht finden Sie in Ihrem individuellen Fall ganz andere oder einfachere Wege, um Ihre neue Freiheit zu genießen. Sind die Schleusentore erst einmal geöffnet, werden Sie wissen, was zu tun ist.

Mit Mut, hilfreicher Unterstützung und Fantasie wird es Ihnen gelingen, den neuen Weg entschlossen einzuschlagen, den Sie sich durch Ihre Befreiung aus dem narzisstischen Regime selbst eröffnet haben. Sie werden endlich anfangen, genau das Leben zu leben, das Sie schon immer hätten leben sollen. Haben Sie erst einmal gelernt, kreativ mit Ihren Ressourcen umzugehen, sind die Möglichkeiten endlos. Die Vergangenheit ist vorbei. Was als Nächstes kommt, liegt ganz allein an Ihnen.

Rache ist ein Gericht, das am besten überhaupt nicht serviert wird

In Momenten der Zweifel und der Frustration ist es ganz normal, dass wir unserem Ärger Luft machen wollen. Vielleicht spüren Sie die Versuchung, Ihre Wut am Narzissten auszulassen und es ihm mit gleicher Münze heimzuzahlen. Vielleicht glauben Sie, Sie müssten ihn mit den Auswirkungen seines Verhaltens konfrontieren und an seine Menschlichkeit appellieren. Vielleicht verspüren Sie den Drang, ihm ins Gesicht zu sagen, wie sehr er Sie verletzt hat, in der Hoffnung, dass Scham und Schuldgefühle Reue in ihm auslösen. Vielleicht fällt es Ihnen schwer, die bereits von Ihnen in den Narzissten investierte Zeit und Energie einfach als Verlust abzuschreiben, und Sie reden sich ein, dass Sie nur noch ein letztes Mal versuchen wollen, ihn zu ändern. Vielleicht glauben Sie, dass eine tief empfundene Liebesbotschaft ihn endlich dazu bringen kann, dass er sich bessert. Vielleicht zögern Sie aus Mitgefühl, ihn loszulassen, und sehen sich in der Verantwortung, ihn aus den Schatten seiner dunklen Vergangenheit zu befreien.

Tun Sie es nicht.

Die Wahrheit ist eine bittere Pille. Sie müssen sich bewusst daran erinnern, dass der Narzisst nicht nach den gleichen Regeln spielt wie Sie. Auch wenn es hart ist, müssen Sie realisieren: Es ist vergebens, an die Moral eines Narzissten zu appellieren. Das Einzige, was ihn dazu bewegen kann, sein Verhalten zu verändern, ist, wenn er spürt, dass er die Kontrolle über Sie verliert, weil Sie sich von ihm zurückziehen. Selbst in diesem Fall ist die Veränderung nur temporär. Im selben Augenblick, in dem Sie wieder auf sein Spiel anspringen, wird er genauso weitermachen wie zuvor. Der Narzisst folgt einer Art „Überlebensinstinkt", der ihn dazu drängt, sich mit allen Mitteln narzisstische Versorgung zu verschaffen. Sein Antrieb ist nicht eine ehrliche Sehnsucht nach einem liebevollen, emotionalen Verständnis. Erinnern Sie sich: Sie haben es eben erst durch harten Kampf geschafft, aus seiner Unterdrückung in eine eigene, unabhängige Realität und in die Freiheit auszubrechen. Wenn Sie sich jetzt wieder mit ihm einlassen, riskieren Sie, sich wieder in sein Spiel zu verstricken und erneut zu einem Gefangenen in *seiner* Wirklichkeit zu werden.

Nichts treibt den Narzissten so zur Weißglut, wie wenn andere Menschen ihm mit Gleichgültigkeit begegnen. Seine Identität und seine gesamte Selbstwahrnehmung basieren auf den Reaktionen anderer. Sein „Energiefeld" speist sich aus jeder Reaktion, die er von anderen bekommt. Jedes Mal, wenn es ihm gelingt, einen bestimmten Reiz zu stimulieren und damit eine Reaktion hervorzurufen, kann er sich in seinem selbst erklärten

Status als „großer Herrscher" bestätigt fühlen. Jede List und Finte, die zum Erfolg führt, ist für ihn wie ein frischer Schuss wohliger Befriedigung direkt in seine Venen. Umso schlimmer ist für einen Narzissten das Gefühl, die Kontrolle über seine Zielperson zu verlieren. In seiner Welt ist die Erfahrung wie eine Art Tod. Jeder leere Blick, mit dem Sie auf seine Provokationen reagieren, jede klare Grenze, die Sie ziehen, raubt ihm ein Stückchen seiner Macht. Für ihn wird es sich anfühlen, als stürze er in einen tiefen Abgrund; als erfahre er den Tod unmittelbar am eigenen Leib.

Sobald der Narzisst wirklich für Sie „gestorben" ist, wird es Ihnen möglich sein, den Fokus wieder auf sich selbst und Ihren Lebensweg zu richten. Wenn Sie die Reise angetreten haben, erinnern Sie sich regelmäßig an das Gesetz der Grandiosität: Ihre Verhaltensweisen werden davon bestimmt, wie Sie Ihren Status im Vergleich zum Status eines anderen einschätzen. Fragen Sie sich: Wen verehre ich und warum? In jeder Beziehung, die Sie eingehen, und in jeder Position, die Sie einnehmen, fragen Sie sich: Inwiefern lasse ich mich von jemand anderem darauf reduzieren, eine bestimmte Rolle zu spielen? Diene ich jemandem als reine „Echokammer", aus der er immer nur zurückbekommt, was er hören will? Bin ich lediglich ein Erfüllungsgehilfe für die Bedürfnisse eines anderen? Vernachlässige ich meine eigenen Bedürfnisse, weil ich ein schlechtes Gewissen habe, wenn ich die Erwartungen anderer enttäusche? Lebe ich unbewusst in einem unsichtbaren Gefängnis, in dem ich mich machtlos fühle? Ist das, was ich bekomme, wirklich alles, was ich vom Leben erwarte? Ist das, was ich *bin*, wirklich alles, zu dem ich geschaffen und bestimmt bin?

Ihre unbewusste Konditionierung ist ein widerspenstiges Biest, das Sie bei jedem Schritt herausfordern wird. Sie werden sich nicht auf einen Schlag davon befreien können. Im Gegenteil: Sie werden sich die Fragen an jedem einzelnen Tag Ihres Lebens, in jeder einzelnen Situation stellen müssen. Irgendwann aber werden Sie erkennen, wozu jeder Ihrer kleinen Schritte gut war. Sie werden spüren, wie der schwere Tanker Ihres Lebens langsam seinen Kurs ändert.

Der Weg erfordert Mut und Durchhaltevermögen. Er erfordert verlässliche Begleiter und Unterstützer. Er erfordert, dass Sie sich beständig an Ihr wahres Selbst erinnern und alles tun, was in Ihrer Macht steht, um mit ihm in Verbindung zu bleiben. In Phasen des Schmerzes und der Freude, in Zeiten der Angst und der Schuldgefühle, durch Erfolge und durch Niederlagen, inmitten von Zweifeln und von Schwäche: Vergessen Sie niemals, zu Ihrem wahren Selbst zu stehen. Es ist der wertvollste Verbündete, den Sie jemals finden werden. Auch wenn es nicht Ihrem Naturell entspricht: Streben Sie in Ihren Beziehungen nach Ausgleich. Glauben Sie an sich und laufen Sie nicht falschen Göttern hinterher. Vergessen Sie niemals, sich selbst zu *vertrauen*, was immer auch passiert.

Nachdem Sie erstmals „frische Luft geatmet" und ein gewisses Maß an Freiheit erfahren haben, kann es sein, dass Sie sich dabei ertappen, wie Sie unbewusst wieder in alte Rollenmuster verfallen. Vielleicht hatten Sie einen guten Tag und haben sich erlaubt, Ihre Verteidigung ein wenig zu vernachlässigen, sodass Sie wieder auf die Masche eines Narzissten hereingefallen sind. Vielleicht waren Sie an einen anderen Tag besonders verwundbar und haben einem schädlichen Verlangen nachgegeben. In diesem Fall: nur keine Sorge. Auch wenn Sie „rückfällig" geworden sind, bedeutet dies nicht, dass alle Ihre Fortschritte nur Einbildung gewesen sind. Solche Dinge *passieren*. Wie immer liegt der Schlüssel darin, ruhig, entspannt und wachsam zu bleiben. Dazu gehört auch das Zugeständnis an sich selbst, gelegentlich Fehler zu machen.

Es ist entscheidend, dass Sie bei Ihrem Fortschritt auf dem Weg in die Freiheit nachsichtig und geduldig mit sich selbst sind. Lassen Sie sich nicht zu schnellen Urteilen über sich und Ihren Fortschritt hinreißen. Erlauben Sie Ihrem wahren Selbst, einfach nur zu *sein*. Dies ist ohnehin alles, was es sich je gewünscht hat. Erinnern Sie sich daran, dass Sie ein menschliches Wesen sind, das Liebe und Respekt verdient, von anderen und auch von Ihnen selbst. Ja, Sie machen Fehler. Sie sind ein Mensch und Ihre Fähigkeiten sind begrenzt. Aber genauso haben Sie, mit Verantwortung und Respekt für Ihre Mitmenschen, ein Recht darauf, große Träume zu träumen. Wie in *Superman* oder *Wonder Woman* liegt in Ihnen das Potenzial für grenzenlose Kraft. Je mehr emotionale Widerstandskraft Sie entwickeln, umso mehr Macht werden Sie über Ihr eigenes Leben erlangen. Und genau wie *Superman* oder *Wonder Woman* sollten Sie sich dabei von Ihrem eigenen moralischen Kompass führen lassen. Superhelden wissen, dass ihre Kraft und Stärke mit der Verantwortung einhergehen, sich um andere zu kümmern. Sie wissen, dass besondere Fähigkeiten kein Freifahrtschein sind, um andere zu manipulieren und zu kontrollieren. Wie ein Baum, der seine Wurzeln tief hinab ins Erdreich streckt und dessen Zweige Früchte tragen, werden auch Sie fest und unbeweglich stehen. Sie werden Ihre Früchte mit all jenen teilen, die Ihnen mit echter Liebe und Zuneigung begegnen. Dies ist der Pfad zu einem Leben voller Kraft. Dies ist der Weg zu Ihrem Sieg über Narzissmus.

Ressourcen

(In englischer Sprache)

Healing The Shame That Binds You - John Bradshaw
https://www.amazon.com/Healing-Shame-Binds-Recovery-Classics/dp/0757303234

Rubber Shoes In Hell - An honest, raw blog by a survivor of parental narcissism
http://www.rubbershoesinhell.com/category/narcissism/

Voicelessness - Essays on narcissism by Richard Grossman
http://www.voicelessness.com/essay.html

Conversational Narcissism - A fascinating article on talking with narcissists
http://www.artofmanliness.com/2011/05/01/the-art-of-conversation-how-to-avoid-conversational-narcissism/

An informative article on the importance of limbic resonance
http://attachmentdisorderhealing.com/therapy-love/

Narcissists who cry - Playing the victim
http://psychcentral.com/blog/archives/2010/03/29/narcissists-who-cry-the-other-side-of-the-ego/

Shut up and be patient - A crude, slightly forceful yet fantastic read. Very useful when you feel like you're stuck and change is not happening (Warning: Explicit)
http://markmanson.net/be-patient

Odd friendships - An article on becoming aware of unhelpful friendship dynamics
http://waitbutwhy.com/2014/12/10-types-odd-friendships-youre-probably-part.html

The continuum of self - A fascinating companion to the shame/grandiosity continuum
http://humanmagnetsyndrome.com/blog/2016/08/27/3345/

In-depth resources on narcissism by Sam Vaknin
http://samvak.tripod.com/

Toxic venting - When to stop listening
http://www.huffingtonpost.com/judith-acosta/toxic-ventin-g_b_822505.html

Printed in Poland
by Amazon Fulfillment
Poland Sp. z o.o., Wrocław